blue notes
8

In diesem Bändchen diskutieren Georg Eliot, Virginia Woolf, Adrienne Monnier und Ruth Klüger über den »kleinen Unterschied« zwischen weiblichem und männlichem Schreiben, zwischen weiblicher und männlicher Leseerfahrung und über den geschlechtsspezifischen Unterschied im Umgang mit Büchern.

Das Literaturquartett

Herausgegeben
und mit einem Vorwort
von Brigitte Ebersbach

edition ebersbach

INHALT

Ein Literaturquartett, besetzt mit vier Frauen. Natürlich, dass es sich dabei um Frauenliteratur handelt, d.h. um Literatur, die von Frauen geschrieben und vorwiegend von Frauen gelesen wird. Frauen schreiben und lesen anders – eine These, die den Literaturkritiker Marcel Reich-Ranicki erstaunt. Nicht etwa, weil er daran Zweifel hegt, sondern weil Ruth Klüger, die in ihrem Essay diese These vertritt, »etwas, was sich von selbst versteht – und was, mit Verlaub, so banal ist, wie es die Entdeckung wäre, dass man im Regen nass wird –, mit Entschiedenheit verkündet«. Immerhin räumt Reich-Ranicki ein, dass das Banale nicht immer überflüssig sei. Ja, man kann es nicht oft genug wiederholen, wenn sich damit nur nicht immer auch eine Wertung, sprich Zensur, einschleichen würde. Oder warum werden so wenige Texte von weiblichen Autoren in Reich-Ranickis »Literarischem Quartett« vorgestellt?

Aber wenn wir uns Beispiele geschlechtsspezifischer Literaturwahrnehmung genau ansehen und auch konkret über Inhalte reden, wie es Ruth Klüger tut, dann ist die Differenzthese mehr als überzeugend.

Wenn Reich-Ranicki immer wieder beklagt, heutzutage würden keine Romane mehr geschrieben, dann scheint das erst recht für Autorinnen zu gelten. Ihre Themen sind zumindest für den männlichen Leser kein literarischer Gegenstand, dem ein würdiger Platz zwischen zwei Buchdeckeln eingeräumt werden sollte. Frauenliteratur, so der Vorwurf, lässt die großen Themen vermissen. Zu wenig Welthaltigkeit, zu eng ihr Erfahrungsbereich, zu wenig innere Distanz, um sich um Formprobleme zu kümmern. Aber bei der Suche nach einer Antwort, warum Frauen offensichtlich zu wenig über den Tellerrand hinaus sehen, da bleiben dann die Herren vornehm neutral. Glücklicherweise ergreift Virginia Woolf an dieser Stelle das Wort und analysiert scharfsichtig die Voraussetzungen für einen großen Wurf: Geld, Muße und Raum – »ein Zimmer für sich allein«.

Haben die weiblichen Schriftsteller diesen Raum dann erobert, ist es mit der Schonzeit für Frauenliteratur, die sie häufig in Misskredit gebracht hat, vorbei. George Eliot, die unter männlichem Pseudonym schrieb, unterwirft die zeitgenössischen Frauenromane einer gnadenlosen Kritik.

Von dem besonderen Verhältnis, das Frauen zu Büchern haben, das sich – wie kann es auch anders sein – vom männlichen Umgang mit Büchern unterscheidet, darüber spricht Adrienne Monnier im letzten Beitrag dieses Bändchens.

Vorhang auf für das erste weibliche Literaturquartett.

Brigitte Ebersbach, im März 2000

8

Virginia Woolf

Frauen und erzählende Literatur

Der Titel dieses Artikels lässt sich auf zwei Arten lesen; er kann sich auf Frauen beziehen und die Romane, die sie schreiben, oder auf Frauen und die Romane, die über sie geschrieben werden. Der Doppelsinn ist beabsichtigt, denn wo es um Frauen als Schriftstellerinnen geht, ist so viel Elastizität wie möglich wünschenswert; man muss sich Spielraum lassen, um neben ihrem Werk noch andere Dinge zu erörtern, so sehr ist dieses Werk von Umständen beeinflusst worden, die nicht das Geringste mit Kunst zu tun haben.

Schon die flüchtigste Untersuchung der literarischen Arbeit von Frauen wirft eine Unzahl von Fragen auf. Warum, fragen wir uns sofort, gab es vor dem achtzehnten Jahrhundert kein kontinuierliches Schreiben von Frauen? Warum schrieben sie von da an fast ebenso gewohnheitsmäßig wie Männer und brachten im Laufe ihres Schreibens, eines um das andere, einige der Meisterwerke englischer Erzählkunst hervor? Und warum nahm ihre Kunst damals und warum nimmt ihre Kunst auch heute noch überwiegend die erzählende Form an?

Ein wenig Überlegung wird uns zeigen, dass wir Fragen stellen, auf die wir als Antwort nur wiederum Erdichtetes bekommen werden. Die Antwort liegt derzeit verschlossen in alten Tagebüchern, in alten Schubladen verstaut, im Gedächtnis der Hochbetagten halb ausgelöscht. Sie ist in den Lebensgeschichten der Unbekannten zu finden – in jenen fast unbeleuchteten Korridoren der Geschichte, wo die Gestalten der Generationen von Frauen so flüchtig, so schattenhaft wahrzunehmen sind. Denn sehr wenig ist über Frauen bekannt. Die Geschichte Englands ist die Geschichte der männlichen Linie, nicht der weiblichen. Von unseren Vätern wissen wir immer irgendein Faktum, irgend etwas, wodurch sie sich hervortaten. Sie waren Soldaten oder Seeleute; sie bekleideten jenes Amt oder machten jenes Gesetz. Aber von unseren Müttern, unseren Großmüttern, unseren Urgroßmüttern – was bleibt? Nichts als eine Überlieferung. Eine war schön; eine war rothaarig; eine wurde von einer Königin geküsst. Wir wissen nichts von ihnen außer ihren Namen und den Daten ihrer Heirat und der Zahl der Kinder, die sie gebaren.

Wollen wir also wissen, warum zu irgendeiner bestimmten Zeit Frauen dies oder jenes taten, warum sie nichts schrieben, warum sie andererseits Meisterwerke schrieben, so ist das äußerst schwer festzustellen. Jeder, der unter diesen alten Papieren nachsuchte, der die Historie von innen nach außen kehrte und so ein getreues Bild vom täglichen Leben der gewöhnlichen Frau zu Shakespeares Zeit, zu Miltons Zeit, zu Johnsons Zeit zeichnete, würde nicht nur ein erstaunlich interessantes Buch schreiben, sondern auch den Kritiker mit einer Waffe versehen, die ihm derzeit fehlt. Die außergewöhnliche Frau ist von der gewöhnlichen Frau abhängig. Erst wenn wir wissen, wie die Lebensumstände der durchschnittlichen Frau beschaffen waren – die Zahl ihrer Kinder, ob sie eigenes Geld hatte, ob sie ein Zimmer für sich hatte, ob sie Hilfe hatte beim Großziehen der Familie, ob sie Bediente hatte, ob ein Teil der Hausarbeit ihre Aufgabe war – erst wenn wir die Lebensweise und die Lebenserfahrung ermessen können, die der gewöhnlichen Frau ermöglicht wurden, können wir eine Erklärung finden für den Erfolg oder das Scheitern der außergewöhnlichen Frau als Autorin.

Merkwürdige Räume des Schweigens scheinen eine Periode der Aktivität von der anderen zu scheiden. Da waren Sappho und eine kleine Gruppe von Frauen, die sechshundert Jahre vor Christi Geburt alle auf einer griechischen Insel Gedichte schrieben. Sie verstummen. Dann ums Jahr tausend finden wir eine gewisse Hofdame, die Dame Murasaki[1], die in Japan einen sehr langen und schönen Roman schreibt. Aber im sechzehnten Jahrhundert in England, als die Dramatiker und Poeten am tätigsten waren, blieben die Frauen stumm. Die elisabethanische Literatur ist ausschließlich männlich. Dann am Ende des achtzehnten Jahrhunderts und zu Beginn des neunzehnten finden wir wieder Frauen, die schreiben, ungewöhnlich häufig und erfolgreich schreiben, diesmal in England.

Natürlich waren vorwiegend Gesetz und Sitte verantwortlich für dies merkwürdige Ein- und Aussetzen des Redens und Schweigens. Musste eine Frau – wie im fünfzehnten Jahrhundert – gewärtig sein, geschlagen und im Zimmer herumgestoßen zu werden, wenn sie den Mann der elterlichen Wahl nicht nahm, dann war die geistige Atmosphäre zur Schaffung von Kunstwerken nicht günstig. Wurde sie ohne ihre Einwilligung mit einem Mann verheiratet, der daraufhin ihr Herr und Meister war, »so weit zumindest, wie Gesetz und Sitte ihn dazu machen konnten«, wie zur Zeit der Stuarts, dann ist es wahrscheinlich, dass sie zum Schreiben wenig Zeit hatte, geschweige denn Ermutigung bekam. Die ungeheure Wirkung von Umgebung und Suggestion auf das Gemüt beginnen wir in unserem psychoanalytischen Zeitalter eben erst zu begreifen. Ebenso beginnen wir mit Hilfe von Memoiren und Briefen zu verstehen, welche abnorme Anstrengung es erfordert, ein Kunstwerk hervorzubringen, und welcher Abschirmung und Stärkung das Gemüt des Künstlers bedarf. Von diesen Tatsachen überzeugen uns die Lebensgeschichten und Briefe von Männern wie Keats[2] und Carlyle[3] und Flaubert[4].

So ist deutlich, dass die erstaunliche Eruption erzählender Literatur zu Anfang des neunzehnten

Jahrhunderts sich in England durch zahllose leichte Veränderungen in der Gesetzgebung, in Sitten und Gebräuchen ankündigte. Und die Frauen des neunzehnten Jahrhunderts hatten etwas Muße; sie hatten etwas Bildung. Es war für Frauen der mittleren und höheren Schichten nicht mehr die Ausnahme, sich ihren Ehemann selbst zu wählen. Und es spricht für sich, dass von den vier großen Romanautorinnen – Jane Austen[5], Emily Brontë[6], Charlotte Brontë[7] und George Eliot[8] – nicht eine ein Kind hatte und zwei unverheiratet waren.

Indessen ist deutlich, dass der auf dem Schreiben liegende Bann zwar gewichen war, ein erheblicher Druck aber, wie es scheint, noch weiterwirkte, dass Frauen Romane zu schreiben hätten. Keine vier Frauen können einander an Genie und Charakter weniger ähnlich gewesen sein als diese vier. Jane Austen kann nichts mit George Eliot gemein gehabt haben; George Eliot war das gerade Gegenteil von Emily Brontë. Doch alle waren sie für die gleiche Profession ausgebildet; sie alle schrieben, als sie schrieben, Romane.

Erzählende Literatur war – und sie ist es noch heute – für eine Frau am leichtesten zu schreiben. Und es ist nicht schwer, den Grund dafür zu finden. Der Roman ist die am wenigsten konzentrierte Kunstform. Ein Roman kann leichter in Angriff genommen und beiseite gelegt werden als ein Drama oder ein Gedicht. George Eliot ließ ihre Arbeit liegen, um ihren Vater zu pflegen. Charlotte Brontë legte die Feder hin, um die Augen aus den Kartoffeln zu schneiden. Und da sie von Menschen umgeben im gemeinsamen Wohnzimmer lebte, war eine Frau geschult, ihren Verstand in der Beobachtung und im Studium von Charakteren zu gebrauchen. Sie wurde zur Romanautorin herangebildet, nicht zur Dichterin.

Selbst im neunzehnten Jahrhundert lebte eine Frau beinah ausschließlich in ihrem Zuhause und in ihren Empfindungen. Und jene Romane des neunzehnten Jahrhunderts, so bemerkenswert sie waren, wurden zutiefst von der Tatsache beeinflusst, dass die Frauen, die sie schrieben, durch ihr Geschlecht von bestimmten Formen der Erfahrung ausgeschlossen blieben. Dass die Erfahrung einen großen Einfluss auf erzählende Literatur hat, ist unbestreitbar. Der wichtigste Teil von Conrads[9] Romanen zum Beispiel würde zunichte, wäre es ihm unmöglich gewesen, zur See zu fahren. Man entferne alles, was Tolstoi[10] vom Krieg wusste als Soldat, vom Leben und der Gesellschaft als reicher junger Mann, dessen Erziehung ihm den Zugang zu Erfahrungen aller Art eröffnete, und *Krieg und Frieden* wäre um unvorstellbar vieles ärmer.

Doch *Stolz und Vorurteil*, *Sturmhöhe*, *Villette* und *Middlemarch* wurden von Frauen geschrieben, denen zwangsweise alle Erfahrung vorenthalten wurde außer derjenigen, die in einem bürgerlichen

Salon der Mittelschicht zu haben war. Keine unmittelbare Erfahrung des Krieges oder der Seefahrt, der Politik oder des Geschäftslebens war ihnen möglich. Selbst ihr Gefühlsleben war streng geregelt durch Sitte und Gesetz. Als George Eliot es wagte, mit Mr. Lewes zusammenzuleben, ohne seine Frau zu sein, war die Öffentlichkeit tief empört. Von ihr bedrängt, zog sie sich in vorstädtische Abgeschiedenheit zurück, was zwangsläufig die denkbar schlimmste Auswirkung auf ihre Arbeit hatte. Sie schrieb, wenn Menschen, die sie besuchen wollten, nicht von sich aus anfragten, ob sie kommen könnten, lade sie sie nicht ein. Zur gleichen Zeit lebte Tolstoi auf der anderen Seite Europas ein freies Leben als Soldat, mit Männern und Frauen aller Schichten, wofür niemand ihn verurteilte und woraus seine Romane einen Großteil ihrer erstaunlichen Kraft und Vielfalt schöpften.

Aber die Romane von Frauen wurden nicht nur durch den notwendig engen Erfahrungsbereich der Autorinnen beeinflusst. Sie zeigten, zumindest im neunzehnten Jahrhundert, noch ein anderes Merkmal, das sich auf das Geschlecht der Autorin zurückführen lässt. In *Middlemarch* und *Jane Eyre* ist uns nicht nur der Charakter des Schriftstellers bewusst, so wie uns Charles Dickens' Charakter bewusst ist, sondern wir sind uns der Anwesenheit einer Frau bewusst – hier spricht jemand, der sich über die Behandlung des eigenen Geschlechts empört und dessen Rechte verteidigt. Das bringt in die Werke von Frauen ein Element, das in denen eines Mannes gänzlich fehlt, vorausgesetzt allerdings, dass er nicht gerade ein Arbeiter oder ein Neger oder sonst jemand ist, der sich aus anderem Grunde ausgeschlossen weiß. Das führt zu Verzerrung und ist häufig die Ursache von Schwächen. Der Wunsch, eine eigene Sache zu verfechten oder eine Figur zum Sprachrohr eines persönlichen Grolls oder Ärgernisses zu machen, hat immer eine missliche Wirkung, so als wäre der Punkt, auf den die Aufmerksamkeit des Lesers gelenkt wird, nicht einer, sondern ein doppelter.

Das Genie von Jane Austen und Emily Brontë ist nie überzeugender als in ihrem Vermögen, solche Forderungen und Appelle zu ignorieren und dem eigenen Weg zu folgen, unbeirrt von Hohn und Tadel. Ein sehr heiteres oder sehr starkes Gemüt aber war nötig, der Versuchung zum Zorn zu widerstehen. Was in der einen oder anderen Form an Spott und Tadel und Minderwertigkeitserklärungen über Frauen niederging, die eine Kunst ausübten, rief ganz natürlich solche Reaktionen hervor. Man sieht die Wirkung in Charlotte Brontës Empörung, in George Eliots Resignation. Man findet sie wieder und wieder im Werk der weniger bedeutenden Autorinnen – in ihrer Wahl des Gegenstands, in ihrem unnatürlichen Geltungsdrang, ihrer unnatürlichen Fügsamkeit. Überdies fließt beinah unbewusst etwas wie Unaufrichtigkeit ein. Sie machen sich autoritätsfromm eine Anschauung zu eigen. Das geschaute Bild wird zu maskulin, oder es wird zu feminin; es verliert seine vollkommene Integrität und damit seine wesentlichste Eigenschaft als Kunstwerk. Der große Wandel, der sich im literarischen Werk von Frauen langsam vollzieht, ist, so will es scheinen, ein Wandel in der Einstellung. Die schreibende Frau ist nicht mehr verbittert. Sie ist nicht mehr zornig. Sie plädiert und protestiert nicht mehr, wenn sie schreibt. Wir nähern uns der Zeit, falls sie noch nicht erreicht ist, da ihr Werk nahezu oder gänzlich frei von fremdem Einfluss ist, der es trübt. Sie wird imstande sein, sich ohne äußere Ablenkung auf das von ihr geschaute Bild zu konzentrieren. Die innere Distanz, einst nur dem Genie, der Originalität erreichbar, kommt erst jetzt für gewöhnliche Frauen in Reichweite. Heute ist deshalb der durchschnittliche Roman einer Frau weit unverfälschter und weit interessanter als vor hundert oder selbst vor fünfzig Jahren.

Doch trifft noch immer zu, dass eine Frau, bevor sie genau so schreiben kann, wie sie möchte, viele Schwierigkeiten vor sich sieht. Zunächst gibt es die technische Schwierigkeit – dem Anschein nach so einfach, in Wirklichkeit so verzwickt –, dass allein schon die Form des Satzes ihr nicht angemessen ist. Es ist ein von Männern gebauter Satz; zu lose, zu schwer, zu gravitätisch für weiblichen Gebrauch.

Doch in einem Roman, der so weite Strecken zurücklegt, muss ein ganz gewöhnlicher und normaler Satztypus gefunden werden, der den Leser leicht und natürlich von einem Ende des Buches zum anderen trägt. Und den muss eine Frau sich selber bauen, indem sie den geltenden Satztypus abändert und umformt, bis sie so schreibt, dass der Satz die natürliche Form ihres Gedankens annimmt, ohne ihn einzuzwängen oder zu verzerren.

Aber schließlich ist das nur ein Mittel zum Zweck, und Zweck und Ziel sind nach wie vor nur zu erreichen, wenn eine Frau den Mut hat, Widerstände zu überwinden, und die Entschlossenheit, sich selber treu zu sein. Denn ein Roman ist schließlich eine Aussage über tausend verschiedene Gegenstände – menschliche, natürliche, göttliche; er ist ein Versuch, sie aufeinander zu beziehen. In jedem Roman, der etwas taugt, werden diese verschiedenen Elemente durch die Kraft des vom Autor geschauten Bildes am gehörigen Ort gehalten. Doch sie haben noch eine andere Ordnung, die Ordnung, die ihnen von der Konvention auferlegt ist. Und da die Männer die Geschmacksrichter dieser Konvention sind, da sie im Leben eine Wertordnung statuiert haben, sind auch in der erzählenden Literatur, die ja weithin auf dem Leben beruht, diese Werte in sehr erheblichem Ausmaß vorherrschend.

Es ist jedoch wahrscheinlich, dass im Leben wie in der Kunst die Werte einer Frau nicht die Werte eines Mannes sind. Wenn also eine Frau darangeht, einen Roman zu schreiben, wird sie finden, dass sie fortwährend den Wunsch hat, die geltenden Werte zu ändern – bedeutungsvoll zu machen, was einem Mann unbedeutend erscheint, und bedeutungslos, was ihm wichtig ist. Und dafür wird man sie natürlich kritisieren; denn der Kritiker anderen Geschlechts wird ehrlich verblüfft und überrascht sein von einem Versuch, die gängige Wertordnung zu ändern, und wird darin nicht bloß eine Verschiedenheit der Auffassung sehen, sondern eine Auffassung, die beschränkt ist oder trivial oder sentimental, weil sie sich von der seinen unterscheidet.

Aber auch hier sind Frauen im Begriff, weniger von Meinungen abhängig zu sein. Sie beginnen ihr eigenes Wertgefühl zu respektieren. Und aus diesem Grunde beginnen sich im Stoff ihrer Romane gewisse Veränderungen abzuzeichnen. Sie interessieren sich, wie es scheint, weniger für sich selbst; andererseits interessieren sie sich für andere Frauen mehr. Im frühen neunzehnten Jahrhundert waren die Romane von Frauen weithin autobiographisch. Eines der Motive, die sie zum Schreiben bewegten, war der Wunsch, die eigenen Leiden zu offenbaren, die eigene Sache zu Gehör zu bringen. Nun, da dieser Wunsch nicht länger so dringend ist, beginnen sie das eigene Geschlecht zu erforschen, beginnen über Frauen zu schreiben, wie noch nie über Frauen geschrieben worden ist; denn natürlich waren

Frauen in der Literatur bis vor kurzem die Schöpfung von Männern.

Hier sind wiederum Schwierigkeiten zu überwinden, denn Frauen, falls man verallgemeinern darf, unterwerfen sich der Beobachtung nicht nur weniger bereitwillig als Männer, sondern ihr Leben wird auch weit weniger durch die gewöhnlichen Lebensprozesse auf die Probe gestellt und geprüft. Oft bleibt vom Tag einer Frau nichts Greifbares zurück. Das Essen, das gekocht wurde, ist aufgegessen; die Kinder, die großgezogen wurden, sind hinaus in die Welt gegangen. Wo liegt der Akzent? Welches ist der springende Punkt, an den der Romancier sich halten kann? Das ist schwer zu sagen. Ihr Leben hat einen anonymen Charakter, der im höchsten Grade verwirrend und ungreifbar ist. Zum ersten Mal ist der Anfang gemacht, dieses dunkle Land in der Erzählkunst zu erforschen; und im gleichen Moment hat eine Frau auch den Wandel im Gemütszustand und in den Gewohnheiten der Frauen zu registrieren, den die Öffnung der Berufe eingeleitet hat. Sie hat zu beobachten, wie das Leben der Frauen aufhört, unterirdisch zu verlaufen; sie hat wahrzunehmen, welche neuen Farben und Schattierungen sich nun, da sie der äußeren Welt ausgesetzt sind, in ihnen zeigen.

Versuchte man also, das erzählende Werk von Frauen im gegenwärtigen Moment zu kennzeichnen, würde man sagen, dass es mutig ist; es ist aufrichtig; es hält sich eng an das, was Frauen empfinden. Es ist frei von Bitterkeit. Es pocht nicht auf seine Femininität. Zugleich aber ist das Buch einer Frau nicht so geschrieben, wie ein Mann es schreiben würde. Diese Qualitäten sind viel verbreiteter als früher, und sie geben selbst zweit- und drittrangigen Werken den Wert der Wahrheit und den Reiz der Aufrichtigkeit.

Doch kommen zu diesen guten Eigenschaften noch zwei hinzu, die ein weiteres Wort erfordern. Der Wandel, der aus der englischen Frau, diesem schwer bestimmbaren Einfluss, unwägbar und veränderlich, eine Wählerin, eine Geldverdienerin und verantwortliche Bürgerin werden ließ, hat ihrem Leben wie ihrer Kunst eine Wendung zum Unpersönlichen gegeben. Ihre Beziehungen sind nun nicht mehr nur emotional; sie sind intellektuell, sie sind politisch. Das alte System, das sie dazu verdammte, die Dinge im schiefen Winkel durch die Augen oder die Interessen des Gatten oder des Bruders zu betrachten, ist den unmittelbaren und praktischen Interessen eines Menschen gewichen, der selber handeln muss und nicht bloß die Handlungen anderer beeinflussen darf. So wird ihre Aufmerksamkeit vom persönlichen Zentrum, das sie vordem ausschließlich beschäftigte, abgezogen und auf Unpersönliches gelenkt; und ihre Romane werden ganz natürlich der Gesellschaft gegenüber kritischer und den Einzelschicksalen gegenüber weniger analytisch.

Es ist zu erwarten, dass das Amt der Stechfliege im Staate, das bisher ein männliches Vorrecht war, nun auch von Frauen ausgeübt wird. Ihre Romane werden von sozialen Missständen und Heilmitteln handeln. Ihre Männer und Frauen werden nicht allein in ihren Gefühlsbeziehungen gesehen werden, sondern wie sie in Gruppen, Schichten und Völkern zusammenhängen und aufeinanderprallen. Das ist ein Wandel von einiger Bedeutung. Doch es gibt einen anderen, der interessanter ist für diejenigen, denen der Schmetterling lieber ist als die Stechfliege – will sagen, die den Künstler dem Reformer vorziehen. Die größere Unpersönlichkeit ihres Lebens wird den poetischen Geist wecken, und das Poetische ist es, worin die weibliche Erzählkunst noch am schwächsten ist. Von ihm geführt, werden sie weniger von Fakten in Anspruch genommen und nicht länger damit zufrieden sein, mit erstaunlicher Akribie die winzigen Einzelheiten zu vermerken, die in ihr eigenes Blickfeld fallen. Über die persönlichen und politischen Beziehungen hinaus werden sie die größeren Fragen ins Auge fassen, die der Dichter zu lösen sucht – unsere Bestimmung und den Sinn des Lebens.

Natürlich ist das Fundament der poetischen Haltung weithin auf materielle Dinge gebaut. Sie ist abhängig von Muße und etwas Geld und der Möglichkeit, die Geld und Muße bringen, unpersönlich und leidenschaftslos zu beobachten. Wenn sie Geld und Muße haben, werden sich Frauen ganz von selbst mehr, als bisher möglich war, mit dem literarischen Handwerk befassen. Sie werden ausgiebiger und subtiler vom Instrumentarium des Schreibens Gebrauch machen. Ihre Technik wird kühner und reicher werden.

In der Vergangenheit lag die Besonderheit des weiblichen Schreibens oft in der unvergleichlichen Spontaneität – sie schrieben, wie Amsel oder Drossel singen. Es war ungelernt; es kam aus dem Herzen. Doch es war auch, und viel häufiger, plauderhaft und geschwätzig – bloßes Gerede, überm Papier vergossen und in Klecksen und Pfützen zum Trocknen stehen gelassen. In der Zukunft, Zeit und Bücher vorausgesetzt und etwas Raum im Haus für sich selbst, wird für Frauen, wie für Männer, die Literatur eine Kunst werden, die studiert sein will. Das Talent der Frauen wird geschult und gestärkt werden. Der Roman wird nicht länger der Abladeplatz für die persönlichen Gefühle sein. Mehr als gegenwärtig wird er ein Kunstwerk werden wie andere auch und in seinen Grenzen und Möglichkeiten erforscht werden.

Von hier aus ist es nur ein kleiner Schritt zu den weitläufigen Künsten, die bisher so selten von Frauen betrieben wurden – dem Schreiben von Essays und Kritik, Geschichte und Biographie. Und auch das wird, wenn wir an den Roman denken, von Vorteil sein; denn es wird nicht nur die Qualität des Romans selbst verbessern, sondern es wird auch die Fremdlinge abziehen, die den Weg zu Erzählformen nahmen, weil er gangbar war, während ihr Herz sie zu anderem zog. Auf diese Weise wird der Roman frei werden von jenen Auswüchsen des Historischen und Faktischen, die ihn in unserer Zeit so formlos gemacht haben.

So werden, wenn wir prophezeien dürfen, in künftigen Zeiten Frauen weniger Romane schreiben, aber bessere Romane; und nicht nur Romane, sondern Lyrik und Kritik und Geschichte. Doch hierin schaut man gewiss in die Ferne zu jenem goldenen, vielleicht fabelhaften Zeitalter, in dem Frauen haben werden, was ihnen so lange versagt blieb – Muße und Geld und ein eigenes Zimmer.

Anmerkungen

Zuerst erschienen in *The Forum*, März 1929. Wiederabgedruckt in der Essaysammlung *Granite and Rainbow* (1958). Die deutsche Übersetzung von Hannelore Faden erschien 1989 im S. Fischer Verlag, Frankfurt a.M.

1 Murasaki Shikibu, japanische Dichterin (ca. 978 - ca. 1016), kaiserliche Hofdame in Kioto, Autorin des Liebesromans vom *Prinzen Genji*.

2 John Keats (1795-1821), der Dichter der jüngeren Romantikergeneration. Insbesondere seine Briefe an die Braut Fanny Brawne, aber auch die an die Dichterkollegen

Shelley und Leigh Hunt, geben Aufschluss über seinen schöpferischen Prozess.

3   Thomas Carlyle (1795-1881), viktorianischer Historiker und Sozialreformer, dessen posthum veröffentlichte *Reminiscences* (1881) wegen ihrer Tabuverletzungen im Intimbereich Entrüstung auslösten.

4   Gustave Flaubert (1831-1880), der erste »moderne« Romancier (*Madame Bovary,* 1857), hinterließ aufschlussreiche Tagebücher und Briefe, in denen die Qualen des Schreibens eindringlich geschildert sind.

5   Jane Austen (1775-1817), die erste bedeutende Romanautorin Englands (*Stolz und Vorurteil,* 1813; *Emma,* 1816), war in vieler Hinsicht ein Vorbild Virginia Woolfs.

6   Emily Brontë (1818-1848), die Autorin des leidenschaftlichen Romans *Sturmhöhe* (1847).

7   Charlotte Brontë (1816-1855), Schwester von Emily Brontë, Autorin der Romane *Jane Eyre* (1847) und *Villette* (1853).

8   George Eliot (1819-80), zu Lebzeiten als bedeutendste Autorin ihrer Zeit angesehen, von Einfluss noch auf Proust, ist vor allem durch ihre Romane *Die Mühle am Floß* (1860), *Middlemarch* (1871/72) und *Daniel Deronda* (1874/76) klassisch geworden.

9   Joseph Conrad (1857-1924), der in Polen geborene, englisch schreibende Autor vor allem von Seegeschichten.

10 Leo Tolstoi (1828-1910), der Autor von *Krieg und Frieden* (1863/69) und *Anna Karenina* (1873/77).

Als mich Ihre Schriftführerin hierher einlud, sagte sie mir, Ihre Gesellschaft befasse sich mit der Berufstätigkeit von Frauen, und machte den Vorschlag, ich sollte Ihnen etwas über meine eigenen beruflichen Erfahrungen erzählen. Es trifft zu, dass ich eine Frau bin; es trifft zu, dass ich einer Beschäftigung nachgehe; aber was für berufliche Erfahrungen habe ich gehabt? Das ist schwer zu sagen. Mein Beruf ist die Literatur; und in diesem Beruf gibt es weniger Erfahrungen für Frauen zu machen als in irgendeinem anderen, mit Ausnahme der Bühne – weniger, meine ich, die ausgesprochen von Frauen zu machen sind. Denn schon vor vielen Jahren wurde der Weg gebahnt – von Fanny Burney[1], von Aphra Behn[2], von Harriet Martineau[3], von Jane Austen[4], von George Eliot[5] – viele berühmte Frauen und noch viele andere mehr, die unbekannt und vergessen sind, waren vor mir, haben den Weg geebnet und meine Schritte gelenkt. So fand ich, als ich zu schreiben anfing, kaum wesentlich konkrete Hindernisse auf meinem Weg. Das Schreiben war eine achtbare und harmlose Betätigung. Durch das Kratzen einer Feder wurde dem Familienfrieden kein Abbruch getan. Keine Ansprüche wurden an den Geldbeutel der Familie gestellt. Für zehn Schilling und Sixpence kann man genügend Papier kaufen, um sämtliche Stücke von Shakespeare zu schreiben – falls man in diese Richtung neigt. Klaviere und Modelle, Paris, Wien und Berlin, Herren und Meister und Maitressen hat ein Schreibender nicht nötig. Natürlich liegt es an der Billigkeit von Schreibpapier, dass Frauen sich als Schriftsteller durchsetzten, bevor sie sich in anderen Berufen durchsetzten.

Um Ihnen aber meine Geschichte zu erzählen – sie ist sehr einfach. Sie brauchen sich nur ein kleines Mädchen mit einer Feder in der Hand in einem Schlafzimmer vorzustellen. Sie brauchte nur die Feder von links nach rechts zu führen – von zehn Uhr bis eins. Dann kam ihr die Idee, etwas schließlich ganz Einfaches und Billiges zu tun – ein paar dieser Blätter in einen Umschlag zu stecken, oben am Rand eine Briefmarke aufzukleben und den Umschlag in den roten Kasten an der Ecke zu werfen. So kam es, dass ich Journalistin wurde; und am ersten Tag des folgenden Monats – ein sehr glorreicher Tag war das für mich – wurde meine Mühe durch den Brief eines Herausgebers belohnt, mit einem Scheck über ein Pfund, zehn Shilling und Sixpence.[6] Doch um Ihnen zu zeigen, wie wenig mir zukommt, als berufstätige Frau zu gelten, wie wenig ich von den Kämpfen und Schwierigkeiten eines solchen Lebens weiß, muss ich gestehen, dass ich – statt die Summe für Brot und Butter, Miete, Schuhe und Strümpfe oder die Metzgerrechnung zu verwenden – mich aufmachte und eine Katze erstand – eine wunderschöne Katze, eine Perserkatze, was mich sehr bald in erbitterte Dispute mit meinen Nachbarn verwickelte.

Was könnte leichter sein, als Artikel zu schreiben und mit dem Geld Perserkatzen zu kaufen? Aber warten Sie einen Moment. Artikel müssen über etwas sein. Meiner, glaube ich, war über den Roman eines berühmten Mannes. Und während ich die Besprechung schrieb, merkte ich, dass ich, wollte ich künftig Bücher rezensieren, mit einem bestimmten Phantom würde zu kämpfen haben. Und das Phantom war eine Frau, und als ich sie mit der Zeit besser kennen lernte, nannte ich sie nach der Heldin eines berühmten Gedichts den »Engel im Haus«.[7] Sie war es, die sich immer wieder zwischen mich und mein Papier drängte, wenn ich Rezensionen schrieb. Sie war es, die mich störte und mir die Zeit stahl und mich so quälte, dass ich sie schließlich umbrachte. Sie, die Sie aus einer jüngeren und glücklicheren Generation stammen, haben vielleicht nicht von ihr gehört – Sie wissen vielleicht gar nicht, was ich mit dem Engel im Hause meine. Ich will Ihnen eine möglichst kurze Beschreibung geben. Diese Person war voll inniger Einfühlsamkeit. Sie war unendlich liebenswürdig. Sie war gänzlich selbstlos. Sie war unübertroffen in den schwierigen Künsten des Familienlebens. Täglich opferte sie sich auf. Gab es Hühnchen, nahm sie das Bein; war irgendwo Zugluft, so saß sie darin – kurzum, sie war so beschaffen, dass sie weder einen eigenen Kopf noch einen eigenen Wunsch hatte, sondern es immer vorzog, mit den Köpfen und den Wünschen anderer übereinzustimmen. Vor allem – ich brauche es kaum zu sagen – war sie keusch. Ihre Keuschheit galt als ihre höchste Schönheit – ihr Erröten als ihr besonderer Liebreiz. In jenen Tagen – den letzten der Königin Viktoria – hatte jedes Haus seinen Engel. Und als ich ans Schreiben ging, traf ich auf diese Gestalt beim allerersten Wort. Der Schatten ihrer Flügel fiel auf mein Blatt; ich hörte das Rauschen ihrer Röcke im Raum. Das heißt, kaum hatte ich die Feder in der Hand, um diesen Roman eines berühmten Mannes zu besprechen, stahl sie sich hinter mich und flüsterte: »Meine Liebe, du bist eine junge Frau. Du schreibst über ein Buch, das ein Mann geschrieben hat. Sei einfühlsam; sei sanft; schmeichle; täusche; brauche alle Listen und Ränke unseres Geschlechts. Lass niemanden ahnen, dass du einen eigenen Kopf hast. Vor allem, sei keusch.« – Und sie machte Anstalten, mir die Feder zu führen. Hier erwähne ich die einzige Tat, die ich mir selbst einigermaßen zugute halte, obschon das Verdienst von Rechts wegen einigen vortrefflichen unter meinen Vorfahren zukommt, die mir eine gewisse Geldsumme hinterließen – sagen wir fünfhundert Pfund im Jahr? –, so dass ich nicht darauf angewiesen war, meinen Unterhalt allein durch Charme zu bestreiten. Ich kehrte mich gegen sie und ging ihr an die Kehle. Ich tat, was ich konnte, sie umzubringen. Meine Rechtfertigung, würde ich vor Gericht gestellt, wäre, dass ich in Notwehr gehandelt habe. Hätte ich sie nicht getötet, dann sie mich. Sie hätte mir das Herz aus meinem Schriftwerk gerissen. Denn – so fand ich, kaum dass ich die Feder ansetzte – nicht einmal einen Roman kann man besprechen, ohne einen eigenen Kopf zu haben, ohne über menschliche Beziehungen, Moral, Sexualität zu sagen, was man für wahr hält. Und alle diese Fragen, dem Engel des Hauses zufolge, können von Frauen nicht frei und offen behandelt werden; Frauen müssen bezaubern, sie müssen begütigen, sie müssen – um es ganz grob zu sagen – Lügen auftischen, wenn sie Erfolg haben sollen. So nahm ich immer, wenn ich den Schatten ihres Flügels oder das Licht ihres Heiligenscheins auf meinem Blatt spürte, das Tintenfass und warf es nach ihr. Sie hatte ein zähes Leben. Ihre fiktive Natur kam ihr sehr zu Hilfe. Es ist weit schwieriger, ein Phantom totzukriegen, als eine Realität. Immer kam sie wieder angekrochen, wenn ich dachte, ich hätte sie erledigt. Zwar schmeichle ich mir, dass ich sie schließlich doch umgebracht habe, doch der Kampf war hart; er forderte viel Zeit, die man besser darauf verwendet hätte, griechische Grammatik zu lernen; oder auf der Suche nach Abenteuern durch die Welt zu streifen. Aber es war eine wirkliche Erfahrung; eine Erfahrung, die zu dieser Zeit alle Schriftstellerinnen durchmachen mussten. Den Engel im Hause zu töten, das gehörte zum Geschäft der Autorin.

Um aber meine Geschichte fortzusetzen: der Engel war tot; was blieb dann noch zu tun? Sie könnten sagen, was zu tun blieb, war etwas Einfaches und Normales – eine junge Frau in einem Schlafzimmer mit einem Tintenfass. Mit anderen Worten, nun, da sie sich von der Verlogenheit befreit hatte, brauchte sie nur noch sie selbst zu sein. Ah, aber was ist »sie selbst«? Ich meine, was ist eine Frau? Ich versichere Ihnen, ich weiß es nicht. Ich glaube nicht, dass Sie es wissen. Ich glaube nicht, dass es irgend jemand wissen kann, bevor sie sich nicht in allen Künsten und Berufen, die der menschlichen Kunstfertigkeit offen stehen, ausgedrückt hat. Das ist tatsächlich einer der Gründe, warum ich hierher gekommen bin – aus Respekt vor Ihnen, die Sie im Begriff sind, uns durch Ihre Experimente zu zeigen, was eine Frau ist, die Sie im Begriff sind, uns durch Ihre Fehlschläge und Ihre Erfolge diese äußerst wichtige Kenntnis zu verschaffen.

Um aber die Geschichte meiner beruflichen Erfahrungen fortzusetzen: mit meiner ersten Rezension verdiente ich ein Pfund, zehn Shilling und Sixpence; und ich kaufte von dem Geld eine Perserkatze. Dann wurde ich ehrgeizig. Eine Perserkatze ist zwar recht schön, sagte ich mir, aber eine Perserkatze ist nicht genug. Ich muss ein Auto haben. Und

31

so kam es, dass ich Romanautorin wurde – denn es ist etwas sehr Merkwürdiges, dass die Menschen einem ein Auto geben, wenn man ihnen eine Geschichte erzählt. Noch merkwürdiger ist, dass es nichts Schöneres auf der Welt gibt, als Geschichten zu erzählen. Es ist viel angenehmer, als Rezensionen berühmter Romane zu schreiben. Und doch, soll ich Ihrer Schriftführerin gehorchen und Ihnen von meinen beruflichen Erfahrungen als Romanautorin berichten, so muss ich Ihnen eine sehr merkwürdige Erfahrung erzählen, die mir als Romanautorin widerfuhr. Und um sie zu verstehen, müssen Sie zuerst versuchen, sich den Gemütszustand eines Romanautors vorzustellen. Ich hoffe, keine Berufsgeheimnisse zu verraten, wenn ich sage, dass es der Hauptwunsch eines Romanautors ist, so unbewusst wie möglich zu sein. Er muss in sich einen Zustand andauernder Lethargie herstellen. Er möchte, dass das Leben in äußerster Ruhe und Regelmäßigkeit verläuft. Er möchte die gleichen Gesichter sehen, die gleichen Bücher lesen, die gleichen Dinge tun Tag für Tag, Monat für Monat, während er schreibt, so dass nichts die Illusion bricht, in der er lebt – so dass nichts das geheimnisvolle Herumschnopern, Umhertasten, Zustoßen, Nachspüren und plötzliche Fündigwerden jenes sehr scheuen und scheinhaften Geistes, der Einbildungskraft, störe oder beunruhige. Ich vermute, dass dieser Zustand für Männer und Frauen der gleiche ist. Wie immer das

32

sein mag, ich möchte, dass Sie sich vorstellen, wie ich in einem Trancezustand einen Roman schreibe. Ich möchte, dass Sie sich ausmalen, wie ein Mädchen da sitzt, in der Hand eine Feder, die sie minutenlang, ja stundenlang gar nicht ins Tintenfass taucht. Das Bild, das mir in den Sinn kommt, wenn ich an dieses Mädchen denke, ist das Bild eines Fischers, traumverloren am Rand eines tiefen Sees lagernd, die Angel weit übers Wasser hinaushaltend. Ungehindert ließ sie ihre Einbildungskraft schweifen, um jeden Fels und Spalt der Welt herum, die in den Tiefen unseres unbewussten Seins verborgen liegt. Nun aber kam die Erfahrung, die Erfahrung, die bei schreibenden Frauen, wie ich glaube, weit verbreiteter ist als bei Männern. Die Angelschnur glitt dem Mädchen rasend schnell durch die Finger. Ihre Imagination war mit ihr durchgegangen. Sie hatte die Tümpel, die Tiefen, die dunklen Stellen gesucht, wo die größten Fische schlummern. Und dann kam ein Krachen. Es kam eine Explosion. Es gab ein Schäumen und ein Durcheinander. Die Imagination war gegen etwas Hartes geprallt. Das Mädchen wurde aus seinem Traum gerissen. Ja, sie war in einem Zustand härtester und schwierigster Bedrängnis. Unbildlich gesprochen, sie hatte an etwas gedacht, etwas über den Körper, über die Leidenschaften, was für sie als Frau zu sagen ungehörig war. Die Männer, das sagte ihr der Verstand, würden schockiert sein. Das Bewusstsein, was Män-

33

ner von einer Frau sagen würden, die ehrlich über ihre Leidenschaften spricht, hatte sie aus ihrem Zustand künstlerischer Unbewusstheit herausgerissen. Sie konnte nicht mehr schreiben. Die Trance war vorüber. Ihre Einbildungskraft konnte nicht mehr arbeiten. Dies, so meine ich, ist eine unter Schriftstellerinnen sehr allgemeine Erfahrung – die extreme Konventionalität des anderen Geschlechts behindert sie. Denn obwohl Männer deutlich wahrnehmbar sich selbst in dieser Hinsicht große Freiheiten gestatten, bezweifle ich, dass sie sich darüber im klaren sind oder zu kontrollieren vermögen, mit welch extremer Strenge sie solche Freiheit bei Frauen verurteilen.

Dies waren also zwei ganz echte eigene Erfahrungen. Dies waren zwei Abenteuer aus meinem beruflichen Leben. Die erste Probe – die Tötung des Engels im Hause – habe ich, wie ich denke, bestanden. Er ist gestorben. Die zweite aber – über meine eigenen Erfahrungen als Körper die Wahrheit zu sagen – habe ich, wie ich denke, nicht bestanden. Ich zweifle, ob irgendeine Frau das bisher geschafft hat. Die Hindernisse vor ihr sind noch immer gewaltig – und doch sind sie sehr schwer zu bestimmen. Was ist, äußerlich betrachtet, einfacher, als Bücher zu schreiben? Welche Hindernisse gibt es denn, äußerlich betrachtet, die für eine Frau eher gelten als für einen Mann? Von innen betrachtet, liegt der Fall, denke ich, sehr anders; viele Geister hat sie noch zu bekämpfen, viele Vorurteile zu überwinden. Ja, es wird noch lange Zeit dauern, denke ich, bis eine Frau sich hinsetzen kann, um ein Buch zu schreiben, ohne dass ein Phantom vor ihr steht, das zu erschlagen ist, ein Felsen, gegen den anzurennen ist. Und wenn das in der Literatur so ist, dem freisten aller Berufe für Frauen, wie ist es dann wohl in den neuen Berufen, in die Sie jetzt zum ersten Mal eintreten?

Dies sind die Fragen, die ich Ihnen, hätte ich die Zeit, gerne stellen würde. Und wahrhaftig, wenn ich diese eigenen beruflichen Erfahrungen in den Vordergrund gestellt habe, dann deshalb, weil ich glaube, dass sie, wenn auch in anderer Form, ebenso die Ihren sind. Selbst wenn dem Buchstaben nach der Weg frei ist – wenn nichts eine Frau daran hindert, Ärztin, Rechtsanwältin oder Beamtin zu werden –, erheben sich noch immer, wie ich glaube, viel Phantome und Hindernisse drohend auf ihrem Weg. Über sie zu sprechen und sie näher zu bestimmen, ist höchst wertvoll und wichtig; denn nur so kann die Arbeit eine gemeinsame sein, können die Schwierigkeiten bewältigt werden. Daneben aber ist es auch notwendig, über die Ziele und Zwecke zu sprechen, für die wir streiten, für die wir gegen diese gewaltigen Hindernisse zu Felde ziehen. Diese Ziele sind nicht einfach als gegeben vorauszusetzen; sie müssen ständig in Frage gestellt und geprüft werden. Die ganze Lage, wie ich sie sehe –

hier in diesem Saal inmitten von Frauen, die zum ersten Mal in der Geschichte ich weiß nicht wie viele verschiedene Berufe ausüben –, ist von außerordentlichem Interesse und großer Tragweite. In dem Haus, das bisher ausschließlich das Eigentum von Männern war, haben Sie für sich eigene Zimmer erstritten. Sie sind imstande, wenn auch nicht ohne große Mühe und Anstrengung, die Miete zu bezahlen. Sie verdienen Ihre fünfhundert Pfund im Jahr. Aber diese Freiheit ist erst ein Anfang; das Zimmer ist Ihr eigen, aber es ist noch kahl. Es muss möbliert werden; es muss ausgeschmückt werden; es muss mit anderen geteilt werden. Wie werden Sie es möblieren, wie werden Sie es ausschmücken? Mit wem werden Sie es teilen und unter welchen Bedingungen? Dies, denke ich, sind Fragen von größter Tragweite und höchstem Interesse. Zum ersten Mal in der Geschichte sind Sie imstande, sie zu stellen; zum ersten Mal sind Sie imstande, selbst zu entscheiden, wie die Antworten lauten sollen. Gern würde ich bleiben und diese Fragen und Antworten diskutieren – aber nicht heute. Meine Zeit ist um; und ich muss schließen.

Anmerkungen

Dieser Essay, veröffentlicht in *The Death of the Moth,* basiert auf einem Vortrag, den Virginia Woolf vor der »National Society for Women's Service« am 21. Januar 1931 in London hielt. Die deutsche Übersetzung von Hannelore Faden erschien 1989 unter dem Titel »Berufe für Frauen« im S. Fischer Verlag, Frankfurt am Main.

1 Fanny Burney (1752-1840) schrieb Romane, die zu ihrer Zeit viel bewundert wurden, etwa von Jane Austen, wird aber vor allem erinnert wegen ihrer lebendigen und witzigen Briefe und Tagebücher.

2 Aphra Behn (1640-1689), die erste freie Schriftstellerin.

3 Harriet Martineau (1802-1876), streitbare und risikofreudige englische Sozialreformerin, Journalistin, Romanautorin, Übersetzerin von Comte. Ihre gegen die herrschenden Religionen gerichteten *Laws of Man's Social Nature* erschienen 1851.

4 Jane Austen (1775-1817); siehe Anm. 5 des Aufsatzes »Frauen und erzählende Literatur« in diesem Band.

5 George Eliot (1819-1880), siehe Anm. 8 des Aufsatzes »Frauen und erzählende Literatur« in diesem Band.

6 Vermutlich die Besprechung des Romans *The Son of Royal Langbrith* von W. D. Howells, die am 14. Dezember 1904 im *Guardian* erschien und die Virginia Woolf in einer halben Stunde geschrieben haben will.

7 *The Angel in the House,* Gedichtzyklus von Coventry Patmore (1823-1896) in vier Teilen, das Hohelied der ehelichen Liebe.

GEORGE ELIOT

SPITZENHÄUBCHENROMANE

Unterhaltungsromane von Autorinnen bilden ein
Genre mit vielen Gesichtern, je nachdem, welche
Dummheit bei den Schriftstellerinnen vorherrscht:
die einfältige, die langatmige, die frömmlerische
oder die pedantische Form des Erzählens. Die
Spitzenhäubchenromane[1] sind eine Mischung aus
all diesen Dummheiten, eine Komposition weiblicher Einfalt.

Die Heldin dieser Romane ist normalerweise
eine Erbin, wahrscheinlich sogar eine Adelige, mit
ihren vielen Liebhabern: im Vordergrund ein intri-
ganter Baron, ein freundlicher Herzog oder der un-
widerstehliche Sohn eines Marquis, etwas weiter im
Hintergrund ein Geistlicher oder ein Dichter, die
sich nach ihr verzehren, und schließlich, an letzter
Stelle, eine Menge nicht näher beschriebener Be-
wunderer, die nur vage angedeutet werden. Sowohl
die Augen der Heldin als auch ihre Klugheit sind
gleichermaßen betörend, ihre Nase und Tugend
ganz ohne Makel; sie hat eine außergewöhnliche
Kontra-Altstimme wie auch einen außergewöhnlichen Intellekt. Sie ist immer perfekt gekleidet und
in vorbildlicher Weise religiös, sie tanzt wie eine
Sylphide und liest die Bibel in den Original-
sprachen.

In einigen Romanen ist die Heldin keine Erbin, sind Stand und Reichtum die einzigen Dinge, an denen es ihr mangelt. Aber auch dann gelangt sie unfehlbar in die bessere Gesellschaft. Mit Erfolg weist sie ganze Heerscharen Gleichgestellter zurück und sichert sich stattdessen die Besten, um am Schluss die Familienjuwelen oder ähnliches als Krone der Gerechtigkeit zu tragen. Angesichts ihrer Schlagfertigkeit beißen sich draufgängerische Männer verlegen auf die Lippen oder werden durch ihren Tadel, der manchmal zu wahren Standpauken ausarten kann, zu reumütigen Sündern. In der Tat neigt sie dazu, sich ausschweifend über einen Gegenstand auszulassen und auch noch im Schlafzimmer begeistert weiterzureden. In den dargestellten Dialogen ist die Heldin erstaunlich beredt, in den nicht wiedergegebenen dagegen erstaunlich gewitzt. Sie ist bekannt für ihre Intelligenz, mit der sie sämtliche Philosophen im Handumdrehen widerlegen kann, und für ihren überlegenen Instinkt, nach dem die Männer fast ihre Uhr stellen können, und alles wird gut.

Männer spielen an der Seite der Heldin eine sehr untergeordnete Rolle. Hin und wieder wird man mit einem Hinweis darauf beruhigt, dass sie irgendwelchen Geschäften nachgehen, was einen daran erinnert, dass die Welt ihren normalen Gang geht. Ihre eigentliche Existenzberechtigung scheint jedoch darin zu liegen, dass sie die Heldin bei ihren

Expeditionen durch das Leben begleiten dürfen. Sie sehen sie zum Beispiel auf einem Ball und sind geblendet, bei einer Blumenschau, und sie sind fasziniert, bei einem Ausritt, und sie sind bezaubert von ihrer edlen Reitkunst, in der Kirche, und sie sind von ihrem feierlichen Benehmen eingeschüchtert. Was Fühlen, Fähigkeiten und Flitter angeht, so ist sie die ideale Frau. Leider heiratet sie, wenn sie heiratet, am Anfang des Romans den falschen Mann, und sie leidet schrecklich unter den Ränken und Intrigen des bösen Barons. Aber sogar der Tod hat ein gütiges Herz für so eine mustergültige Person und ist im rechten Moment zur Stelle. Der böse Baron wird in einem Duell getötet, der langweilige Ehemann stirbt im Bett und bittet seine Frau, ihm zu Gefallen den Mann zu heiraten, den sie am meisten liebt. Zu diesem Zeitpunkt hat er bereits eine Nachricht an den Betreffenden losgeschickt, die ihn von dem angenehmen Arrangement unterrichtet. Bevor allerdings die Handlung bis zu diesem herbeigesehnten Punkt fortgeschritten ist, werden unsere Gefühle äußerst strapaziert, weil wir zusehen müssen, wie die edle, liebliche und kluge Heldin sehr schlechte Zeiten und viele schreckliche Situationen überstehen muss. Aber wir werden damit getröstet, dass alle Sorgen in bestickte Taschentücher geschluchzt werden und ihre zarte Gestalt in komfortable Polstermöbel zurücksinkt. Wie schlimm auch immer die Schicksalsschläge sein mögen – sie stürzt zum Beispiel aus ihrer Kutsche und muss sich wegen der Verletzung den Kopf rasieren lassen –, sie übersteht alle Widrigkeiten, ihr Teint ist noch blühender und ihre Locken noch fülliger als je zuvor.

Seit wir wissen, dass diese Romane uns so gut wie nie in eine andere als die gehobene und vornehme Gesellschaft einführen, ist uns ein Stein vom Herzen gefallen. Zunächst waren wir davon ausgegangen, dass mittellose Frauen genauso Schriftstellerinnen wurden, wie sie Gouvernanten wurden: weil sie als Frau keine andere Möglichkeit hatten, ihren Lebensunterhalt zu verdienen. Aufgrund dieser Annahme verziehen wir fehlerhafte Syntax und unwahrscheinliche Ereignisse, die in diesem Licht betrachtet einen gewissen Pathos für uns hatten, genauso wie wir es Blinden verzeihen, dass sie uns erbärmliche Nadelkissen und schlecht gemachte Nachtmützen zum Kauf anbieten. Obwohl wir die Ware als eine Zumutung empfanden, waren wir glücklich, dass das Geld an Bedürftige ging. Wir malten uns einsame Frauen aus, die sich für ihren Unterhalt abstrampelten, oder opferwillige Ehefrauen und Töchter, die Abschriften verfassten, um die Schulden des Ehemannes zu bezahlen oder um für den kranken Vater Dinge zu erwerben, die ihm das Leben annehmlich machen. Vor diesem Hintergrund schreckten wir natürlich davor zurück, den Roman einer Autorin zu kritisieren. Ihr Englisch mochte fehlerhaft sein, aber dafür, so sagten wir uns, sind ihre Motive tadellos und ihr Fleiß im Gegensatz zu ihrer Phantasie grenzenlos. Sinnentleertes Geschreibsel wurde mit einem leeren Magen entschuldigt, und dummes Zeug wurde durch Tränen geweiht. Aber weit gefehlt! Unsere Theorie musste wie viele andere hübsche Theorien vor der Wahrheit zurückweichen. Unterhaltungsromane von Frauen, so wissen wir jetzt, werden unter ganz anderen Umständen geschrieben. Die hübschen Schriftstellerinnen haben ganz offensichtlich nie mit einem Geschäftsmann gesprochen außer durch das offene Fenster einer Kutsche. Arbeiter sind für sie nichts anderes als Leibeigene, 500 Pfund im Jahr ein erbärmlicher Hungerlohn. Belgravia[2] und ›feudale Herrenhäuser‹ sind ihre Welt, und sie interessieren sich gar nicht erst für einen Mann, der nicht wenigstens Großgrundbesitzer oder sogar Premierminister ist. Ganz offensichtlich schreiben sie mit violetter Tinte und einer Rubinfeder in eleganten Boudoirs, denken nicht an den armen Verleger und kennen weder Armut noch Mangel, es sei denn den Mangel an Hirn. In der Tat sind wir die ganze Zeit davon beeindruckt, dass sie, die gehobene Gesellschaft, in der sie zu leben scheinen, realistisch zu beschreiben versuchen. Allerdings wird deutlich, dass sie niemals nähere Bekanntschaft mit irgendeiner anderen Lebensform als der ihren gemacht haben. Wenn ihre Adeligen schon unglaubwürdig sind, dann sind ihre Gelehrten, Geschäftsleute und Landhausbewohner schlicht unmöglich. Und sie scheinen einen seltsamen Gerechtigkeitssinn dafür zu besitzen, sowohl das wiederzugeben, was sie gesehen und gehört *haben,* als auch das, was sie *nicht* gesehen und *nicht* gehört haben, und zwar mit gleicher Ungenauigkeit.

Es gibt wahrscheinlich kaum eine Frau, die noch nie mit kleinen Kindern in Berührung gekommen ist, doch in *Compensation,* einem soeben erschienenen Roman des Spitzenhäubchen-Genres, der eine ›Geschichte aus dem wahren Leben‹ sein soll, redet ein viereinhalbjähriges Kind in ossianischer Weise:

Es scheint kein Ende zu geben, kein Ende, wie die Sternbilder, die ich mir am liebsten in einer warmen, schönen Nacht anschaue … Schau nicht so … Deine Stirn ist wie Loch Lomond, wenn der Wind bläst und die Sonne untergegangen ist. Ich mag den Sonnenschein am liebsten, wenn der See glatt ist … Also ich mag es noch lieber … es ist noch schöner, wenn die dunkle Wolke darüber gezogen ist und wenn dann die Sonne plötzlich die Farben der Wälder und der leuchtend roten Felsen erleuchtet und alles sich im Wasser unten spiegelt.

Wir sind nicht sonderlich überrascht, wenn wir erfahren, dass die Mutter dieses Wunderkindes selbst ein Phönix ist, die die Bibel in der Originalsprache gelesen hatte. Aber natürlich! Griechisch und Hebräisch sind ja ein Kinderspiel für eine Heldin. Sanskrit ist nicht viel mehr als das ABC für sie, und sie spricht jede Sprache atemberaubend fließend und fehlerfrei. Mit Ausnahme von Englisch.

In *Laura Gay,* einem anderen Roman derselben Schule, scheint die Heldin etwas weniger im Griechischen und Hebräischen beheimatet zu sein, aber sie gleicht diesen Mangel durch eine neckische Vertrautheit mit den lateinischen Klassikern aus: dem »guten alten Virgil, dem anmutigen Horaz, dem milden Cicero und dem vergnüglichen Livius«. Aber mit der Belesenheit ist das so eine Sache, wenn Miss Gay nämlich anfängt, bei einem Picknick in einer gemischten Gesellschaft von Damen und Herren auf Latein daherzureden. Diese Damen und Herren sind sehr wohl in der Lage, ihre Vertrautheit mit »dem milden Cicero« für sich zu behalten, ohne deshalb gleich in einer alltäglichen Unterhaltung damit herausplatzen zu müssen, und sie schaffen es sogar, Bemerkungen über »den vergnüglichen Livius« zu unterdrücken.

In *Laura Gay* mischt sich ein gewisses Flair von Konventionalität mit einer Parade von Schicksalen und feinen Kutschen, aber diese Konventionalität wird durch Miss Gays Kenntnis des »milden Cicero«

und durch ihre »intellektuelle Veranlagung zu analysieren« gemildert.

Im Gegensatz dazu ist *Compensation* zwar weitaus belehrender, aber dennoch eher im weltlichen angesiedelt, mit abwegigen Vorkommnissen, die bei frommen Gläubigen für einen frivolen Gaumenkitzel sorgen. Durch und durch schlechte, aber faszinierende Frauen werden eingeführt – sogar eine französische *lionne*. Keine Mühen werden gescheut, um eine Geschichte zu erzählen, die so aufregend ist wie ein unanständiger Roman. *Compensation* ist ein wundervolles Allerlei aus Almacks[3], schottischem Hellsehen, Mr. Rogers Frühstücken, italienischen Banditen, Bekehrungen am Sterbebett, überlegenen Autorinnen, italienischen Mätressen und Mordversuchen an alten Damen, garniert mit Gesprächen über »Glauben und Fortschritt« und »überaus originellen Köpfen«. Sogar Miss Susan Barton, die großartige Autorin, die ihre Feder »während sie schreibt in schneller, wohlüberlegter Manier« führt, verschenkt die besten Heiratsgelegenheiten. Obwohl sie alt genug ist, Lindas Mutter zu sein, denn einst wies sie Lindas Vater ab, hält ein junger Earl, der abgelegte Geliebte der Heldin, um ihre Hand an. Selbstverständlich müssen Genie und Sittlichkeit von begehrenswerten Angeboten begleitet werden, sonst wäre das wohl eine ziemlich langweilige Angelegenheit. Auch Frömmigkeit muss wie alles andere, was nötig ist, um *comme il faut* zu sein, gesellschaftsfähig gemacht werden, vor allem in den besten Kreisen.

Rank and Beauty ist eine noch seichtere, dafür aber nicht ganz so religiöse Variante der Spitzenhäubchenromane. Die Heldin »hatte zwar den Stolz ihres Vaters und die Schönheit ihrer Mutter geerbt, aber sie war sehr überschwänglich, wie die meisten Menschen ihres Alters, sogar die von niederer Geburt. Allerdings sind nur die Menschen altehrwürdiger Herkunft fähig, diesen Überschwang in sich zu leidenschaftlicher Liebe zu verfeinern.«

Während sie ihrem Vater die Zeitung vorliest, verliebt sich die stürmische junge Dame in den Premierminister, der aus den Leitartikeln heraus ihre Phantasie beflügelt, ohne jedoch Flügel bereitzuhalten, schließlich ist sie nur das einfache Fräulein Wyndham vom Lande. Um Abhilfe zu schaffen, wird sie unverzüglich zur Baroness Umfraville und überrascht ihre Umgebung mit ihrer Schönheit und Vollkommenheit. Kaum ist sie aus ihrem Herrenhaus in Spring Gardens herausgetreten, nimmt sie auch schon mit dem *objet aimé* Kontakt auf. Wenn das Wort »Premierminister« bei einigen das Bild eines faltigen oder fetten Sechzigjährigen heraufbeschworen haben sollte, dann vergessen Sie es schnellstmöglich. Lord Rupert Conway ist »schon als junger Mann zu der vortrefflichsten Aufgabe berufen worden, die ein Mensch im Universum innehaben kann«.

46

Die Tür öffnete sich noch einmal und Lord Rupert Conway trat ein. Evelyn riskierte einen Blick. Das reichte. Sie war nicht enttäuscht. Es schien, als sei ein Bild, auf das sie lange geschaut hatte, plötzlich belebt worden und träte nun aus seinem Rahmen heraus. Seine stolze Figur, die vornehme Einfachheit seiner Art – es war ein lebendiger Van Dyke, ein Kavalier, einer seiner edlen Vorfahren, einer, zu dem es sie schon immer hingezogen hatte, der schon vor langer Zeit zusammen mit einem Umfraville in Übersee die Paynim bekämpft hatte. War das hier Wirklichkeit?

Wohl kaum. Nach und nach zeigt sich, dass auch das ministeriale Herz ihr zugetan ist. Lady Umfraville ist in Windsor bei der Queen zu Besuch.

Als sie am letzten Abend ihres Besuchs von einem Ausritt zurückkehrten, führte sie Mr. Wyndham zusammen mit einer großen Gruppe zur Spitze des Keep, um die Aussicht zu genießen. Lord Rupert war an ihrer Seite, als sie sich auf die Zinnen lehnte und aus stattlicher Höhe das Panorama betrachtete, das sich ihr darbot.

»Welch unübertreffliche Aussicht!«, rief sie aus.

»Ja, es wäre nicht richtig gewesen abzureisen, ohne hier heraufzukommen. Sind Sie zufrieden mit ihrem Besuch?«

»Begeistert! Sie ist eine Königin, unter der man leben und sterben möchte und für die man im Kampf sein Leben hingibt.«

»Ha!«, rief er in plötzlicher Gefühlsaufwallung und mit einem Heureka-Ausdruck auf dem Gesicht, als hätte er nun endlich das Herz gefunden, das mit seinem in Gleichklang schlug.

Man erkennt diesen »Heureka-Ausdruck« sofort als prophetisches Zeichen für die Heirat am Ende des dritten Bandes. Aber vor diesem ersehnten Ereignis kommt es zu sehr komplizierten Missverständnissen, die hauptsächlich der ränkeschmiedende Sir Luttrell Wycherley anzettelt, der ein Genius, ein Dichter und ein in jeder Hinsicht überaus bemerkenswerter Mensch ist. In seiner Person vereinen sich romantischer Dichter, erfahrener Lebemann und Zyniker. Aber die tiefe Zuneigung zu Lady Umfraville hat seine sonst so elegante Ausdrucksweise so geschwächt, dass er nur noch eine armselige Figur in Konversationen abgibt. Von ihr zurückgewiesen, verliert er fast den Verstand. Noch während er sich von der Schmach erholt, schwört er teuflische Rache, sei der Weg zur Vergeltung auch noch so mühevoll. Er schlüpft in die Rolle eines Quacksalbers und richtet sich eine Praxis ein, weise voraussehend, dass man ihn eines Tages an Evelyns Krankenlager rufen wird, damit er sich ihrer annehme. Als aber schließlich alle seine Pläne fehlgeschlagen sind, verabschiedet er sich in einem langen Brief von ihr, und zwar auf höchst literarische Weise, wie man der folgenden Passage entnehmen kann.

> Oh edle Dame, umgeben von Glanz und Prunk, werdet Ihr jemals der jammervollen Gestalt, die sich hiermit an Euch wendet, einen Blick schenken? Werdet Ihr jemals den weit entfernten Seufzer aus der Welt vernehmen, in die ich nun hinüber gehe, während Euer vergoldetes Schiff majestätisch auf dem ruhigen Fluss des Wohlstandes entlang gleitet, von der süßesten Musik, Euch zum Lob, eingelullt.

So seicht *Rank and Beauty* auch sein mag, er hat den beiden bereits erwähnten Romanen einiges voraus. Die Dialoge sind natürlicher und geistreicher, aufrichtig naiv und nicht so engstirnig. Man glaubt der Heldin, dass sie außergewöhnlich intelligent ist und muss sich weder mühsam durch ihre scharfsinnigen Widerlegungen der großen Skeptiker und Philosophen quälen, noch hat man mit rhetorisch ausgefeilten Ergüssen über die Mysterien des Universums zu kämpfen.

Die Autorinnen von Spitzenhäubchenromanen bedienen sich anscheinend alle aus demselben Fundus an Redewendungen. In ihren Romanen gibt es fast immer eine Frau oder einen Mann, die einen schlechten Einfluss ausüben; der Geliebte hat eine männliche Brust, Gedanken sind voll mit seltsamen Erinnerungen, Herzen sind hohl, Gelegenheiten werden beim Schopf ergriffen, Freunde stehen mit einem Fuß im Grab, die Kindheit ist eine bezaubernde Zeit, die Sonne lässt sich entweder auf ihrem Bett im Westen nieder oder versammelt Regentropfen an ihrem strahlenden Busen, das Leben ist ein zweifelhafter Segen, Albion und Scotia tauchen in jeder Konversation auf. Auch ihre moralischen Kommentare stimmen in bemerkenswerter Weise überein, wie zum Beispiel, dass alle Menschen, reich oder arm, sich mehr oder weniger von schlechten Beispielen beeinflussen lassen, dass Bücher, so trivial sie auch sein mögen, doch nützliche Informationen enthalten, dass das Laster sich oft der Sprache der Tugend bedient, dass ein weiser Mensch mit einer hohen Gesinnung stets so akzeptiert wird, wie er ist, und auch lautes Geschrei und Anmaßung diejenigen nicht täuschen können, welche die menschliche Natur gut kennen und dass man eine Verletzung erfahren haben muss, um vergeben zu können. Zweifellos finden viele Leser diese Bemerkungen überaus vielsagend und scharfsinnig, denn oft sind sie doppelt und dreifach mit dem Bleistift unterstrichen. Zarte Hände bringen ihre entschlossene Zustimmung zu diesen ungeschminkten Wahrheiten durch ein bestimmtes *très vrais* zum Ausdruck, das seinerseits mit vielen Ausrufezeichen versehen wird. Die Umgangssprache in diesen Romanen zeichnet sich oft durch unschuldige Umkehrungen und durch eine sorgfältige Vermeidung allzu alltäglicher Phrasen aus. Ärgerliche junge Gentlemen rufen: »So isses immer, denkich!« Und eine halbe Stunde vor dem Abendessen erzählt die junge Dame ihrem Tischnachbarn, dass sie sich, als sie zum ersten Male Shakespeare las, »in den Park davonstahl und im Schatten eines Baumes über den inspirierten Seiten des großen Magiers in einen Zustand ekstatischer Verzückung geriet«.

Aber die größten Verdienste der Autorinnen von Spitzenhäubchenromanen liegen wohl in ihren philosophischen Betrachtungen. Die Autorin von *Laura Gay* beispielsweise verschönert die Szene, in der das Heldenpaar heiratet, mit der folgenden Beobachtung: »Wenn dieselben Zweifler, die in allem was lebt und sogar im Menschen nichts weiter als unbeseelte Materie sehen, sich einmal mit ganzem Herzen auf ein Glück wie dieses einlassen könnten, dann würden auch sie erkennen, dass der Mensch und der Polyp nicht denselben Ursprung haben können.« Schriftstellerinnen sind also imstande, hinter der äußeren Erscheinung das göttliche Prinzip zu schauen.

Die schlimmsten Spitzenhäubchenromane sind die, die man als Orakelliteratur[4] bezeichnen könnte und in denen die Autorinnen ihre religiösen, philosophischen oder moralischen Theorien darlegen möchten. Viele Frauen scheinen zu glauben, dass gerade die Menschen, deren Wissen nur aus Allgemeinplätzen besteht, das geeignetste Medium für göttliche Offenbarung sind, so wie man sagt, dass Rede und Handlung Geistesschwacher göttlich inspiriert sind. Ein Blick in ihre Schriften zeigt, dass gewisse Damen glauben, die beste Voraussetzung, schwierige moralische und philosophische Fragen zu behandeln, liege in absoluter Ignoranz gegenüber der Wissenschaft und dem täglichen Leben. Um diese schwierigen Probleme zu lösen, gehen sie nach dem folgenden Rezept vor: Man nehme den Kopf einer Frau, stopfe ihn mit einer Füllung aus kleingehackter Philosophie, Literatur und hartgekochten irrigen Vorstellungen über gesellschaftliche Zusammenhänge, hänge ihn jeden Tag für ein paar Stunden über einen Schreibtisch und serviere das ganze – ungebeten – heiß und in fehlerhaftem Englisch. Die meisten Autorinnen von Orakelromanen sind davon überzeugt, theologische Probleme im Handumdrehen lösen zu können. Sie zweifeln nicht daran, entscheiden zu können, welche Glaubensrichtung die richtige ist. Sie wissen genau, weshalb die Menschheit bis zum heutigen Tage den falschen Weg eingeschlagen hat und bedauern es aufrichtig, den Philosophen nicht zur Verfügung gestanden zu haben, als ihr Rat dringend nötig gewesen wäre. Sie schütteln nur den Kopf darüber, wenn sich große Schriftsteller damit bescheiden, eigene Erfahrungen literarisch darzustellen und es anspruchsvoll genug finden, Menschen und Dinge wahrhaftig und glaubhaft zu beschreiben. Die Autorinnen empfinden das als keine große Leistung. Mit den Worten: »Sie haben keine großen Fragen beantwortet«, stehen sie schon in den Startlöchern, um das Versäumte nachzuholen. Sie setzen uns eine vollständige Theorie des Lebens und ein Handbuch zur Theologie vor, verpackt in eine Liebesgeschichte, in der Damen und Herren aus guter Familie den Wechselbädern des Lebens ausgesetzt sind, nicht ohne dabei völlige Verwirrung bei Deisten[5], Puseyiten[6] und Protestanten auszulösen, um schließlich eine spezielle Sichtweise des Christentums zu vertreten, die in einem in Kapitälchen geschriebenen Satz zusammengefasst wird oder auf der dreihundertunddreißigsten Seite wie ein Feuerwerk explodiert. Die Damen und Herren aus diesen Romanen sind alles andere als glaubwürdig. Die Fähigkeit der Autorinnen, alltägliches Leben und ihre Mitmenschen zu beschreiben, steht nämlich in umgekehrter Proportion zu ihrer zuversichtlichen Beredsamkeit über Gott und die jenseitige Welt, und was sie uns als wahre Vorstellung vom Jenseits präsentieren, ist im Grunde ein völlig verzerrtes Bild der wirklichen Welt.

Um einen typischen Orakelroman, mit dem wir uns nun befassen wollen, handelt es sich bei *The Enigma: a Leaf from the Chronicles of the Wolchorley House.*[7] Um dieses Enigma[8] aufzulösen, bei dem es sich um nichts weniger als die Existenz des Bösen handelt, bedarf es natürlich der gigantischen Kräfte eines weiblichen Autors. Das Geheimnis und die Auflösung des Enigmas werden schon auf der ersten Seite vage angedeutet. »Das Leben ist ein unlösbares Rätsel«, sagt die begabte junge Dame mit rabenschwarzem Haar, und die sanftmütige junge Dame mit rotbraunem Haar, die genauso aussieht wie die Muttergottes auf dem Gemälde, auf das sie ihren Blick richtet, fügt hinzu: »Dort scheint sich die Lösung dieses mächtigen Enigmas zu befinden.« Der Stil dieses Romans ist genauso geschraubt wie seine Intention, so dass viele Abschnitte selbst nach ausgiebigem Studium und trotz illustrativer Hilfen wie Kursiva und Kapitälchen unverständlich bleiben. Wir müssen dem Handlungsverlauf des Romans folgen, um die einzelnen Absätze verstehen zu können.

Die ganze Geschichte ist wie so viele Frauenromane völlig konfus. Eigentlich geht es in der Geschichte um eine moderne Salongesellschaft, in der Polkamusik gespielt und Puseyismus diskutiert wird. Aber einige Charaktere, Ereignisse und sogar das Verhalten mancher Figuren erkennt man als Bruchstücke aus den verschiedensten Liebesgeschichten. So überrascht uns zum Beispiel ein blinder irischer Harfespieler, »ein Relikt der romantischen Barden aus vergangener Zeit« in einem englischen Dorf, auf einem sonntäglichen Schulfest bei Tee und Kuchen. Eine verrückte Zigeunerin, die stets einen scharlachroten Umhang trägt, singt immer dieselben Takte eines Liebeslieds und verkündet auf ihrem Totenbett ein Geheimnis, das zusammen mit der Offenbarung eines gnomenhaften bösen Kaufmanns, der Fremde stets mit einem Fluch und einem maliziösen Lächeln begrüßt, eine schockierende Wahrheit enthüllt. Eine weitere Figur ist der aus Irland stammende, fast schon unerträglich rechtschaffene Barney, der eine Dokumentenfälschung entdeckt.

Sir Lionel lebt in einem Herrenhaus, dem ehrwürdigen Landsitz einer alten Familie, was die Phantasie der Autorin so beflügelt, dass es plötzlich von Wachttürmen und Zinnen, auf denen »der Wärter in sein Horn bläst«, nur so wimmelt. Bei der Beschreibung einer Szene, in der die Bewohner eines Nachts schon in ihren Schlafzimmern sind und ein schwerer Sturm aufkommt, der die alten Zedern bis auf den Rasen beugt, verfällt die Autorin sogar in eine mittelalterliche Ausdrucksweise (die Kursiva sind von mir):

Das Banner wurd' bei dem Geräusch losgerissen, und es schwang seine *schützenden*

*Fittich*e hoch droben, während die über-
raschte *Uhl* im Efeu mit den Schwingen
schlug. Das Firmament schaute mit ›Argus-
augen‹ herab – »Gesandte stummer Him-
melsmelodien«.
Und siehe! Zwei Glockenschläge ertönten
vom Wachtturm, und »Zwei Uhr« echote der
Wächter unten.

Romane wie *The Enigma* erinnern an Bilder von
phantasiebegabten Kindern. Rechts ein modernes
Haus, auf der linken Seite grinst ein Tiger aus dem
Dschungel hervor, und im Vordergrund kämpfen
zwei Ritter. Sämtliche Objekte hat der Künstler zu-
sammengestellt, weil er sie hübsch findet, aber in
erster Linie deshalb, weil er sie auch auf anderen
Bildern gesehen hat.

Auf ihren mittelalterlichen Stelzen läuft unsere
Autorin allerdings viel besser als auf ihren orakeln-
den, wenn sie zum Beispiel vom *Ich*[9] spricht und
von »subjektiv« und »objektiv« und die exakte
Grenze christlicher Wahrheit zieht. Figuren, die von
dieser Wahrheit abweichen, werden mit herablas-
sender Nachsicht in die Geschichte eingeführt.
Über eine gewisse Miss Inshquine informiert sie uns
mit erhellenden Kursiva und Kapitälchen, dass
»*Funktion,* nicht *Form,* ALS *zwangsläufiger äußerer
Ausdruck des Geistes in dieser tabernakelhaften Zeit,*
ihr kaum etwas bedeutete.« *À propos,* über eine evan-

gelische Dame namens Miss Mayjar, die ein bisschen zu eifrig von ihren Besuchen bei kranken Frauen und deren Seelenzustand erzählt, erfahren wir, dass der vorbildliche Geistliche nicht zu denen gehört, »die unter der *äußeren* Schale das Gute im *Subjekt* und das, was es dem *Objekt* an Wohltaten angedeihen lässt, verkennen.« Man muss sich die ausgefeilte Betonung und das vorgeschobene Kinn vorstellen, was durch die Kursiva in der Äußerung dieser Dame leider nur sehr schwach zum Ausdruck kommt! Von nun an wird auf weitere Zitate aus Orakelromanen verzichtet, weil dort Dinge verhandelt werden, die an dieser Stelle einfach zu ernsthaft sind.

Das Beiwort ›seicht‹ mag unverschämt klingen, wenn man ihn auf einen Roman anwendet, der so viel Belesenheit und intellektuelle Anstrengung verrät wie *The Enigma*. Aber der Ausdruck wird bewusst verwendet. Es ist allgemein bekannt, dass viele gute Ratschläge keinen weisen Mann hervorbringen, also bringen wenige gute Ratschläge auch keine weise Frau hervor. Die schlimmsten Folgen hat weibliche Dummheit, wenn sie in literarischer Form Verbreitung findet, denn sie bestärkt allgemeine Vorbehalte gegen eine solidere Ausbildung von Frauen. Wenn Männer sehen, wie Mädchen ihre Zeit mit Unterhaltungen über Häubchen und Ballkleider verschwenden oder mit Kicherei und sentimentalen Liebesbekenntnissen, oder wie Frauen mittleren Alters ihre Kinder verziehen und sich selbst mit bösem Tratsch trösten, so können sie kaum umhin zu sagen: »Um Himmels willen, ermöglicht den Mädchen eine bessere Ausbildung, gebt ihnen die Möglichkeit, sich mit interessanteren Dingen zu beschäftigen, damit sie ihre Zeit sinnvoller verbringen können.« Aber nach ein paar Stunden Unterhaltung mit einer Autorin von Orakelromanen oder gar nach der Lektüre eines solchen Romans werden sie sehr wahrscheinlich sagen:

Seht Euch das an, was eine Frau daraus macht, wenn sie sich etwas Wissen aneignet! Es besteht ja nur aus einer Ansammlung einzelner Fakten, sie ist nicht in der Lage, kulturelle Zusammenhänge zu erfassen. Anstatt sich mit dem erworbenen Wissen in schlichter Bescheidenheit zu üben, entwickelt sie ein geradezu wahnhaftes Bewusstsein für ihre Errungenschaften. Man könnte fast sagen, dass sie in einer Art geistigem Taschenspiegel unablässig ihre ›Intellektualität‹ bestaunt. Mit metaphysischen Fragen verdirbt sie uns den Genuss eines Muffins, und beim Abendessen ringt sie alle anwesenden Männer mit ihrem überlegenen Wissen zu Boden. Selbst bei einer Abendveranstaltung belehrt sie uns über die Beziehung zwischen Geist und Materie. Und dann schaue man sich ihr Geschreibsel an! Sie verwechselt Vagheit mit Tiefe, Bombast mit Eloquenz, Affektiertheit mit Originalität. Auf der ersten Seite stolziert sie herum, auf der nächsten rollt sie mit den Augen, auf der dritten zieht sie eine Grimasse, und auf der vierten Seite wird sie hysterisch. Es mag ja sein, dass sie viele Werke großer Schriftsteller gelesen hat und vielleicht auch ein paar von großen Schriftstellerinnen, aber sie ist unfähig, zwischen ihrem eigenen Stil und dem der anderen zu unterscheiden, und zwar genauso wenig, wie ein Mann aus Yorkshire in der Lage ist, den Unterschied zwischen seinem Englisch und dem eines Londoners herauszuhören: Rhodomontade[10], das ist der heimatliche Akzent ihres Intellekts. Nein, die durchschnittliche Natur der Frau bietet einen viel zu schwachen Nährboden, der keine schwere Bearbeitung aushält und sich nur für die anspruchslosesten Gewächse eignet.

Mit Sicherheit gehören die Männer, die auf Grund einer so oberflächlichen und deshalb unzureichenden Beobachtung zu dieser Einschätzung kommen, nicht gerade zu den Weisen dieser Welt, aber ihre Meinung soll hier nicht hinterfragt werden. Es soll nur deutlich gemacht werden, wie diese Meinung unbewusst von den Frauen gefördert wird, die es sich zur Aufgabe machen, die weibliche Intelligenz zu repräsentieren. Wahrscheinlich hat noch kein Mann diese Meinung jemals durch eine wirklich gebildete Frau bestätigt gesehen, die sich Wissen angeeignet und es geistig verarbeitet hat, anstatt selbst vom Wissen verarbeitet worden zu sein. Eine wirklich kultivierte Frau benimmt sich, genau wie ein kultivierter Mann, viel zurückhaltender und drängt sich mit ihrem Wissen nicht auf. Die Bildung hat es ihr ermöglicht, sich selbst und ihre Meinung immer im Verhältnis zu anderen Personen und Meinungen zu sehen. Sie stellt sich nicht auf ein Podest und schmeichelt sich damit, dass nur sie die Welt richtig versteht, vielmehr weiß sie, dass ihre Einschätzung von ihrem jeweiligen Blickwinkel abhängt. Sie macht auch keine dummen Bemerkungen über Dichtung oder zitiert Cicero, um damit aufzufallen. Nicht, weil sie denkt, dass den Vorurteilen von Männern ein Opfer gebracht werden muss, sondern weil es ihr weder unterhaltsam noch schicklich erscheint, ihr Denkvermögen und ihre Lateinkünste zur Schau zu stellen. Sie verfasst auch keine Bücher, um Philosophen des Irrtums zu überführen, wahrscheinlich weil sie Bücher schreiben kann, die sämtliche Philosophen in Entzücken versetzen würden. In Unterhaltungen ist sie die angenehmste Gesprächspartnerin, weil sie uns Verständnis entgegenbringt, ohne darauf hinzuweisen, dass wir ihre geistigen Höhen nicht erreichen und sie deshalb auch nicht verstehen können. Sie wirft uns keine rohen Informationen an den Kopf, sondern bringt uns Sympathie entgegen, was ohne Frage die feinste Form von Kultiviertheit ist.

Noch zahlreicher als die Orakelromane sind die Weiße-Westen-Romane[11], in denen Gedanken und Gefühle des evangelischen Glaubens dargestellt werden. Sie gehören zum gehobenen Bereich eines breiten Spektrums und sind als süße Medizin für junge Damen der puritanischen Kirche gedacht, sozusagen als missionarischer Ersatz für den modischen Roman, und insofern mit den Mai-Treffen[12] vergleichbar, die den Opernbesuch ersetzen. Auch Kindern von Quäkern kann man den Wunsch nach einer Puppe nicht abschlagen, aber sie muss dann ein unauffälliges Kleid und eine Kohleneimerhaube tragen, und nicht etwa Rüschen und Schleifchen wie eine weltliche Puppe. Ganz ähnlich verhält es sich mit jungen Frauen, die einfach nicht ohne Liebesgeschichten auskommen, außer sie gehören der Kirche der Vereinigten Brüder an, wo man heiratet ohne jemals miteinander zu schlafen. Daher gibt es für evangelische junge Damen auch evangelische Liebesgeschichten, in denen die Irrungen und Wirrungen zarter Leidenschaft mittels rettender Aussichten auf Erneuerung und Sühne geheiligt werden. Diese Romane unterscheiden sich von den Orakelromanen genau so, wie sich eine Puritanerin von einer Frau der Hochkirche[13] unterscheidet: Sie sind etwas weniger überheblich, dafür sehr viel ignoranter, ihre Syntax lässt noch etwas mehr zu wünschen übrig, und sie sind noch gewöhnlicher.

Der Orlando[14] dieser Romane ist ein junger Vikar, der normalerweise aus der Sicht der Mittelschicht geschildert wird. Dort haben Bänder aus Kambrik[15] offensichtlich einen genauso aufregenden Effekt auf die Herzen junger Damen wie Epauletten in den Gesellschaftsschichten über und unter der Mittelschicht.

Der Held ist also fast immer ein junger Vikar, den eher weltlich orientierte Mütter nur belächeln, dem aber die Herzen ihrer Töchter, die »niemals diese Predigt vergessen« können, nur so zufliegen. Verstohlene Blicke werden statt aus der Opernloge von Kirchenbänken aus riskiert, das *tête à tête* wird mit Zitaten aus der Heiligen Schrift statt aus der Dichtung bereichert, und der Gefühlszustand der Heldin mischt sich mit Sorgen um ihr Seelenheil. Der junge Vikar entstammt immer einer gut gekleideten und wohlhabenden, wenn nicht sogar hohen Gesellschaft – denn evangelische Dummheit ist genauso snobistisch wie jede andere. Stellt die evangelische Autorin dem Leser gerade noch den Sündenbock vor, so ist sie im nächsten Moment schon dabei, aristokratische Manieren und Konversationskünste zu beschreiben. Ihre Vorstellungen von der gehobenen Gesellschaft entspringen allzu häufig den seltsamen Eingebungen ihrer evangelischen Einbildungskraft. In einer Hinsicht aber sind Weiße-Westen-Romane lobenswert realistisch: Ihr beliebter Held, der evangelische junge Vikar, ist immer eine ziemlich geistlose Person.

Der neueste Roman dieser Sorte ist *The Old Grey Church*. Er kommt zahm und schwach daher, und die Autorin versteht rein gar nichts von dem, was sie da zu Papier bringt. Wir wären absolut verloren, wenn wir erraten sollten, wo und wann sie ihre Erfahrungen gemacht hat. Eine gewisse Gewöhnlichkeit ihres Stils deutet allerdings darauf hin, dass die Autorin mit Männern und Frauen verkehrt hat, deren ungehobeltes Wesen noch nicht von gesellschaftlichen Konventionen glattgeschliffen wurde.

Noch weniger als anderen kann man es evangelischen Autorinnen verzeihen, dass sie als Schauplatz ihrer Romane ohne ersichtlichen Grund nur die adelige Gesellschaft wählen. Das wahre Drama des evangelischen Glaubens – und er hat das Potenzial zu einem wirklich guten Drama, was jeder bemerkt, der halbwegs intelligent ist – spielt sich nämlich in den unteren und mittleren Gesellschaftsschichten ab. Ist der evangelische Glaube nicht gerade dafür bekannt, dass er sich besonders den Schwachen auf Erden zuwendet und nicht den Mächtigen? Warum stellen uns evangelische Autorinnen ihre religiösen Ansichten dann nicht anhand solcher Leute vor, die keine Kutsche besitzen und »noch nicht mal einen armseligen Pferdekarren«, die es schaffen, das

Abendessen ohne Silberbesteck zu sich zu nehmen und aus deren Mund das fragwürdige Englisch der Autorin völlig angebracht klingen würde? Warum gibt es keinen Roman über das religiöse Leben der englischen Arbeiterschicht, der so interessant wäre wie Mrs. Stowes[16] Darstellung religiösen Brauchtums bei den Negern? Statt dessen beleidigen uns die frommen Damen mit Romanen, die uns an das Verhalten von Frauen erinnern, die erst vor kurzem in die Kirche eingetreten sind. Eine vornehme Abendtafel bedeutet ihnen noch genauso viel, nur dass sie jetzt Geistliche und keine Lebemänner mehr einladen. Sie machen sich noch genauso viele Gedanken über ihre Kleidung wie zuvor, nur wählen sie jetzt etwas gedecktere Farben und unauffälligere Muster. Ihre Konversation ist nach wie vor trivial, ist nun aber mit dem Evangelium anstatt mit Klatsch und Tratsch gewürzt. *The Old Grey Church* ist eine dieser evangelischen Varianten des modernen Romans, und natürlich fehlt auch der böse intrigante Baron nicht. Der Konversationsstil dieses Schwerenöters aus gutem Hause ist es wert, an dieser Stelle zitiert zu werden und ist mit seinen verwirrenden Kursiva und offensichtlich versteckten Andeutungen einer Miss Squeers[17] würdig. Der junge Geistliche Eustace hat die Heldin Miss Lushington zu einem abendlichen Besuch der Ruinen des Kolosseums entführt, um endlich das ersehnte *tête à tête* herbeizuführen. Der Baron ist

eifersüchtig und macht seinem Groll folgendermaßen Luft:

Da sind sie also, und Miss Lushington ist
zweifelsohne in Sicherheit. Immerhin befindet sie sich unter der heiligen Führung von
Papst Eustace dem Ersten, der ihr natürlich
eine erbauliche Predigt über die Schlechtig-
keit der Heiden aus vergangener Zeit gehalten hat, die an genau diesem Ort wilde
Bestien auf den armen heiligen Paulus los-
gelassen haben sollen! Oh nein! Ich glaube,
ich liege völlig falsch und verrate damit meinen Mangel an geistlicher Bildung, und es
war gar nicht Paulus und auch nicht dieser
Ort. Gleichwohl eignet sich das Thema für
eine Predigt, von der man zu den entarteten
heidnischen Christen von heute übergehen
und ihre verabscheuungswürdigen Praktiken
anprangern kann, um schließlich mit der
Ermahnung, sich von ihnen loszusagen, zu
enden. Ich bin sicher, Miss Lushington, dass
Sie dieser Anordnung heute Abend gewis-
senhaft gefolgt sind, denn wir haben seit unserer Ankunft nichts mehr von Ihnen gesehen. Aber jeder scheint zuzustimmen, dass
es eine charmante und vergnügliche Unter-
nehmung war, und ich bin sicher, wir alle stehen tief in der Schuld von Mr. Grey, der ja

den Vorschlag dazu machte. Und da er ein so prächtiger Cicerone ist, hoffe ich, dass ihm noch etwas einfällt, was den gleichen Anklang bei allen findet.

Das ganze Buch besteht aus solchen dahergeplapperten Dialogen und wird auf die gleiche blödsinnige Art erzählt. Wie bei einer schlechten Zeichnung kann man kaum erkennen, was überhaupt dargestellt werden soll, aber zweifellos wollte die Autorin einen erbaulichen und lehrreichen Roman verfassen, den christliche Mütter ihren Töchtern auf jeden Fall in die Hand drücken sollten. Aber alles ist relativ. Es soll amerikanische Vegetarier gegeben haben, die sich normalerweise von trockenem Mehl ernährten und die, wenn sie sich einmal etwas besonderes gönnen wollten, nasses Mehl aßen. Vor diesem Hintergrund kann man sich vorstellen, dass *The Old Grey Church* in gewissen evangelischen Kreisen als ausdrucksvolle und interessante Literatur geschätzt wird.

Aber es kommt noch schlimmer, denn die unlesbarste Variante der Spitzenhäubchenromane sind die Moderne-Antike-Romane. Diese gewähren Einblicke in das häusliche Leben von Jannes und Jambres[18] und in die Liebesaffären von Sennacherib, und sie lassen uns an den geistigen Kämpfen von Demetrius dem Silberschmied sowie an seiner anschließenden Bekehrung teilhaben. Sehr seichte

Romane sind wenigstens noch für einen Lacher gut, aber die Moderne-Antike-Romane sind von so schwerfälliger, bleierner Dummheit, dass wir unter der Last der Lektüre aufstöhnen. Die maßlose Selbstüberschätzung schreibender Frauen zeigt sich nirgends besser, als daran, dass sie eine Aufgabe in Angriff nehmen, der sich zu stellen im Grunde nur durch das seltene Zusammentreffen von Talent und Phantasie gerechtfertigt ist. Selbst die größte Anstrengung, der Vergangenheit neues Leben einzuhauchen, ist nur eine Annäherung und immer durch den Geist unserer heutigen Zeit gefiltert.

Was ihr den Geist der Zeiten heißt,
Das ist im Grund der Herren eigner Geist,
In dem die Zeiten sich bespiegeln.[19]

Zugegebenermaßen kann der Genius, der sich mit dem Altertum vertraut gemacht hat, durch die Kraft einfühlenden Verständnisses bisweilen fehlende Noten in der ›Musik der Menschheit‹ ersetzen und unvollständige Fragmente zu einem Ganzen zusammensetzen, welches uns die stumme Vergangenheit näher bringt und verstehbar macht. Aber über diese Phantasie verfügen nur die wenigsten, und diese Aufgabe verlangt ebenso viel genaue und minutiöse Kenntnis wie kreative Energie. Einige Frauen setzen jedoch anscheinend alles daran, ihre geistige Mittelmäßigkeit immer wieder deutlich hervorzuheben und lassen sie in einem Mummenschanz antiker Namen herumstolpern. Ihre kraftlose Sentimentalität spricht aus den Mündern römischer Vestalinnen oder ägyptischer Prinzessinnen, und ihre rhetorischen Diskussionen legen sie jüdischen Hohepriestern und griechischen Philosophen in den Mund. Jüngstes Beispiel dieses Schwachsinns ist der Roman *Adonijah, a Tale of the Jewish Dispersion*, der zu einer Reihe von Veröffentlichungen gehört, die »Geschmack, Humor und gute Prinzipien in sich vereint«. *Adonijah* muss das Beispiel für die »guten Prinzipien« sein, Geschmack und Humor werden sich wohl in den anderen Romanen finden. Der Einband verrät uns, dass die Begebenheiten in dieser Erzählung »von ungewöhnlicher Bedeutung sind«, und das Vorwort liest sich folgendermaßen: »Für diejenigen, die sich für die Vertriebenen aus Israel und Judäa interessieren, könnten die folgenden Seiten in unterhaltsamer Weise über eine wichtige Angelegenheit Auskunft geben.« Da die »wichtige Angelegenheit«, über welche dieses Buch interessante Informationen bereit hält, nicht näher benannt wird, kann man davon ausgehen, dass es sich vielleicht um etwas Esoterisches handelt, das sich dem unmittelbaren Verständnis entzieht. Wenn diese wichtige Angelegenheit aber in irgendeiner Beziehung zu den Vertriebenen aus Israel und Judäa stehen sollte, dann ist anzunehmen, dass ein einigermaßen gebildetes Schulmädchen bereits mehr darüber weiß, als aus diesem Roman zu erfahren wäre. *Adonijah* ist eine äußerst schwache Liebesgeschichte, die wohl lehrreich sein soll, weil der Held ein jüdischer Gefangener ist und die Heldin eine römische Vestalin, weil sie und ihre Freunde auf dem kürzesten und einfachsten Wege zum christlichen Glauben bekehrt werden, und zwar nach einer von der »Society for promoting the Conversion of the Jews« empfohlenen Methode. Lehrreich soll wohl auch die statt einer allgemeinverständlichen Sprache verwendete geschraubte Ausdrucksweise sein, mit der manche Autorinnen versuchen, dem Ganzen einen antiken Anstrich zu geben, wenn es zum Beispiel heißt: »die gar hochherrschaftliche Gabe, die unzweifelhaft dem Imperator Nero eignet« – »der letzte Sprössling eines erhabenen Stammes« – »der tugendhafte Gefährte seines Lagers« – »Ah, bei Vesta!« – und »Ich sage Euch, Römer«. Unter den Zitaten auf dem Buchumschlag, die zugleich als Schmuck und Belehrung dienen, befindet sich auch eines von Miss Sinclair[20], das darüber Auskunft gibt, dass »phantastische Werke bekennend von Wissenschaftlern und weisen und frommen Männern gelesen werden«. Dass Dr. Daubeny[21] und andere bedeutende Männer sich öffentlich die Lektüre von *Adonijah* gönnen dürfen, ohne das Buch unter Sofakissen verstecken zu müssen oder es verbotenerweise während des Abendessens unter dem Tisch zu halten, um in unbemerkten Momenten verstohlen darin zu lesen, soll den Leser wahrscheinlich ermutigen.

»Man sollte kein Bäcker werden, wenn der eigene Kopf aus Butter ist«, sagt ein Sprichwort, was wohl bedeutet, dass man keinesfalls die Werke einer Autorin drucken sollte, die sich nicht über die Konsequenzen einer Veröffentlichung im Klaren ist. Natürlich unterscheiden sich diese Bemerkungen sehr von denen der Literaturkritiker, die immer wieder in der gleichen Weise – Unterschiede werden dabei wahrscheinlich nur von Kindermädchen wahrgenommen – allen Autorinnen erzählen, dass sie ihre Werke »mit Vergnügen loben«. Die Frauen, an die sich meine harsche Kritik richtet, sind nämlich normalerweise daran gewöhnt, dass ihre Produkte in aufgeblasener Weise für brillant erklärt werden, dass ihre Charaktere als wunderbar gezeichnet, ihr Stil als faszinierend und ihre Gedanken als erhaben gelten. Aber wenn sie sich über meine Offenheit beklagen wollen, dann sollen sie wenigstens für einen Moment über das zurückhaltende Lob nachdenken, das man fast als hintergründige Beleidigung verstehen könnte, das ihre Belobiger für die Schriftsteller übrig haben, deren Werke auf dem besten Wege sind, Klassiker zu werden. Nichts beweist das wahre Talent einer Frau besser als zurückhaltendes Lob und strengste Kritik. Dieses Phänomen könnte man fast als eine Art Temperaturausgleich bezeichnen: bewegt sich das Talent der

Frau um Null, erreicht der journalistische Beifall den Siedepunkt, ist ihr Talent mittelmäßig, erreicht der Beifall höchstens noch sommerliche Temperaturen, wenn sie aber über ausgezeichnetes Talent verfügt, so sinkt die Begeisterung der Kritik auf den Gefrierpunkt. Harriet Martineau, Currer Bell und Mrs. Gaskell sind so kaltlächelnd behandelt worden, als wären sie Männer gewesen. Jeder Kritiker, der eine hohe Meinung vom Beitrag weiblicher Autoren zur Literatur hat, wird prinzipiell keine besondere Nachsicht mit ihren Werken üben. Befasst man sich einmal unvoreingenommen und ausgiebig mit Frauenliteratur, so wird schnell klar, dass ihre größten Defizite nicht so sehr in der intellektuellen Leistung als vielmehr in den moralischen Eigenschaften liegen, die ausgezeichnete Literatur ausmachen: beharrlicher Fleiß, Sinn für die Verantwortung, die mit einer Veröffentlichung einhergeht, und die Wertschätzung der heiligen Kunst des Schriftstellers. Der Großteil der Frauenliteratur bewegt sich auf dem niedrigsten vorstellbaren Niveau. Er wimmelt nur so von schwachsinnigen Motivzusammenstellungen oder schlecht gemachten Nachahmungen, die schon bei der geringsten Selbstkritik erkannt und ausgemerzt werden könnten. Es ist wie bei Menschen, die kein musikalisches Gefühl haben und laut in der falschen Tonlage singen, während andere, die über ein bisschen mehr melodische Sensibilität verfügen, sich ruhig verhalten. Die alberne Eitelkeit, das eigene Werk gedruckt zu sehen – die leider nicht von einem Bewusstsein dafür gebremst wird, dass eine Veröffentlichung dem eigenen intellektuellen oder moralischen Ansehen schaden könnte –, scheint durch die völlig falsche Annahme ermutigt zu werden, dass Schreiben *an sich* ein Beweis für die überragenden Fähigkeiten einer Frau ist. Vor diesem Hintergrund kann angenommen werden, dass die durchschnittliche Intelligenz von Frauen vom Großteil weiblicher Literatur nicht angemessen repräsentiert wird. Während die wenigen guten Schriftstellerinnen sich weit über dem gewöhnlichen intellektuellen Durchschnitt ihres Geschlechts befinden, sind die vielen schlechten Schriftstellerinnen sehr weit darunter anzusiedeln. Die strengeren Kritiker scheinen also eine ritterliche Pflicht zu erfüllen, wenn sie der bloßen Tatsache weiblicher Autorschaft jedes falsche Prestige verweigern, das eine irreführende Anziehungskraft dieses Berufs hervorrufen könnte, und nur mittelmäßig begabten Frauen vom Schreiben abraten. Damit erweisen sie ihrem Geschlecht immerhin einen Dienst, auch wenn er sich durch keine direkte Tätigkeit auszeichnet.

Als ewige Entschuldigung für Frauen, die ohne besondere Qualifikationen Schriftstellerinnen werden, wird angeführt, dass die Gesellschaft sie aus anderen möglichen Berufen ausschließt. Die Gesellschaft ist an allem Schuld und muss für viele ungesunde Erzeugnisse gerade stehen: von schlechtem Eingelegten bis hin zu schlechter Dichtung. Genau wie die Regierung Ihrer Majestät und andere nicht konkret greifbare Abstraktionen wird sie in übertriebener Weise sowohl beschimpft als auch bejubelt. Auf eine Frau, die schreibt, weil sie Geld verdienen muss, kommen mindestens drei, die aus purer Eitelkeit schreiben. Abgesehen davon haftet der einfachen Tatsache der Einkommenssicherung etwas so Antiseptisches an, dass die minderwertigsten und verdorbensten Produkte weiblicher Literatur sehr wahrscheinlich gar nicht unter solchen Umständen entstehen könnten. »Aus aller Arbeit entspringt Gewinn«, so ein geflügeltes Wort, aber gewisse Frauenromane sind wohl kaum das Ergebnis von Arbeit als vielmehr das Resultat geschäftiger Eitelkeit.

Glücklicherweise muss hier nicht bewiesen werden, dass Romane eine Form der Literatur sind, die Frauen genau so beherrschen wie Männer. Eine Menge berühmter Namen, sowohl von lebenden als auch toten Personen, kommen einem in den Sinn und zeigen deutlich, dass Frauen nicht nur gute Romane schreiben können, sondern sogar solche, die zu dem Besten gehören, was die Literatur je hervorgebracht hat. Sie verfügen über eine sehr kostbare Besonderheit, denn sie offenbaren etwas von den Fähigkeiten und Erfahrungen von Frauen, die sich sehr von männlichen Fähigkeiten und Erfahrungen unterscheiden. Bildungsbeschränkungen können Frauen nicht von Erfahrungen ausschließen, die den Stoff für erzählende Romane liefern, und es gibt keine andere Kunstrichtung, die so frei von strengen Anforderungen ist. Wie Kristallmasse kann sie jede Form annehmen und doch wunderschön sein. Man muss nur die rechten Elemente hinzufügen – authentische Beobachtung, Humor und Leidenschaft. Aber gerade das Fehlen strenger Anforderungen sorgt auf fatale Weise dafür, dass gerade die Frauen Romane schreiben, die völlig unbegabt sind. Im Gegensatz dazu lässt das Klavierspiel keine groben Fehleinschätzungen zu: dort gilt es, Schwierigkeiten bei der Fingerfertigkeit zu überwinden, was bei mangelndem Talent schlicht unmöglich ist. Und so ist es bei jeder Kunst, die sich auf eine bestimmte Technik gründet: sie wird bis zu einem gewissen Grad vor Blödsinn geschützt. Aber beim Romanschreiben gibt es keine Barrieren, an denen Unfähigkeit spürbar scheitert, keine äußeren Kriterien, die einen Schriftsteller davon abhalten könnten, dummes Geschreibe für Meisterschaft zu halten. Es ist wie bei La Fontaines Esel, der seine Nase an die Flöte hält und, als er bemerkt, dass sie Töne hervorbringt, ausruft: »Ich kann Flöte spielen« – eine Fabel, die jeder Leserin zu empfehlen ist, die sich mit dem Gedanken trägt, den seichten Frauenromanen noch ein Exemplar hinzuzufügen.

Anmerkungen

Unter dem Titel »Silly Novels by Lady Novelists« zuerst erschienen in *Westminster Review*. Oktober 1856. Übersetzt und gekürzt von Inga Westerteicher.

Leider waren die Autorinnen der besprochenen Romane nicht immer zu bibliographieren.

1   Eigtl. *mind-and-millinery-species,* was wörtlich übersetzt etwa Verstand-und-Putzmacherei bedeutet.

2   Vornehmes Viertel in London.

3   Gemeint sind wahrscheinlich die Subskriptionsbälle in einem ehemaligen Vergnügungslokal in London.

4   Eliot macht sich mit diesem Begriff über Autorinnen lustig, die meinen, mit ihren Romanen der Weisheit letzten Schluss erfasst zu haben. (Orakel = Stätte, an der der Spruch der Götter verkündet wird.)

5   Deismus = Gottesauffassung der Aufklärung des 17. und 18. Jahrhunderts, die zwar nicht die Existenz Gottes, aber seine Beziehung zur Weltwirklichkeit bestritten.

6   Edward Bouverie Pusey (1800-1882). Britischer Geistlicher, ab 1828 Professor für Hebräisch an der Oxford University. Verfechter der »High Church«.

7   Der Titel lautet nach dem English Catalogue: *The Enigma: A Leaf from the Archives of Wolchorley House,* 1856.

8   Enigma = Rätsel.

9   Im Original Deutsch.

10   Muret-Sanders: Rhodomontade = Prahlerei, Aufschneiderei.

11   Eliot meint wohl von weltlichen Versuchungen befreite Romane, denen eine strenggläubige Lebensanschauung zugrunde liegt.

12 Jährliches Treffen der Missionarischen Gesellschaft der englischen Kirche bei Exeter Hall.

13 High Church/Low Church: Die Low Church ist der reformierte, puritanische Teil der anglikanischen Kirche.

14 Vermutlich Anspielung auf Roland, Held des Rolandsliedes, dem ältesten frz. Heldenepos.

15 Cambrai: frz. Stadt, bekannt für Textilindustrie.

16 Harriet Beecher Stowe (1811-1896), Autorin von *Onkel Toms Hütte*.

17 Figur aus dem Roman *Nicholas Nickleby* von Charles Dickens.

18 Namen, die St. Paul den ägyptischen Magiern gab, die am Gericht des Pharaoh gegen Moses kämpften (2 Tim. 3:8).

19 Goethe, Faust I, »Nacht«, 577-579.

20 Catherine Sinclair (1800-1867), Romanautorin und Philanthropin.

21 Charles Giles Bridle Daubeny (1795-1867), Chemiker und Naturforscher.

Ruth Klüger

Frauen lesen anders

Bücher wirken anders auf Frauen als auf Männer. Dies sollte kein heikles Thema sein. Doch fürchten Frauenrechtlerinnen, dass eine solche Behauptung den weiblichen Geschmack und die weibliche Denkfähigkeit in Frage stellt, und ihre Gegner fürchten einen weiteren Angriff auf den literarischen Kanon. Und doch: Längst haben wir von der Rezeptionsästhetik gelernt, dass das Wort, der Text, der Roman oder das Gedicht kein Ding an sich ist, dessen werkimmanenter Sinn sich den vertrauensvoll Lesenden bedingungslos erschließt und immer gleich bleibt. Jeder und jede von uns liest anders, wie kein Leben mit einem anderen identisch ist und sich jedermanns und jeder Frau Weltverständnis von jedem anderen unterscheidet.

Es ist uns eine Selbstverständlichkeit, dass wir einen japanischen Roman mit weniger Einfühlung lesen können als, sagen wir, Fontanes *Effi Briest,* wobei andererseits gerade das Exotische des japanischen Werks zum Lesevergnügen beiträgt. Der Einheimische liest mit weniger Erstaunen, dafür kritischer und genauer, also anders. So gibt es auch innerhalb derselben Kultur Differenzen, die das Leseverständnis beeinflussen, wie die zwischen den gesellschaftlichen Schichten oder Klassen, die sich in einer Demokratie allerdings immer mehr verwischen. Auffällig bleiben dagegen die Unterschiede zwischen den Geschlechtern, sowohl die der Sozialisierung wie die biologischen. Wie sollte es denn anders sein, als dass Frauen und Männer, die weitgehend anders leben und mit anderen Erwartungen erzogen werden (ja, auch noch im Westen!) anders lesen?

Zwar gibt es rein sachliche Texte, die für beide Geschlechter dasselbe bedeuten. Fahrpläne, zum Beispiel. Vor den Ankunfts- und Abfahrtstafeln der Bundesbahn wird der Mensch androgyn. Doch schon bei Gebrauchsanweisungen treten die Unterschiede in Kraft. So werden die Anweisungen in Kochbüchern von den meisten Frauen lustvoller gelesen als die Anweisungen zum Wechseln eines Autoreifens. Das soll uns nicht zu dem Fehlschluss verführen, dass Frauen mehr essen als Männer und kaum Auto fahren, sondern liegt daran, dass Frauen meinen, es würde ihnen eher gelingen, die Anweisungen des einen Handbuchs auszuführen als die des anderen. Die Ausnahmen bestätigen die Regel. Vor allem sind die Ausnahmen sehr selbstbewusst, angefangen mit denjenigen kleinen Mädchen, die lieber Chemie-Experimente ausführen als Puppenkleider nähen, bis hin zu den erwachsenen Mechanikerinnen. Sie alle gehen anders, nämlich mit diesem Ausnahmebewusstsein, an die Sache heran als ihre männlichen Spielkameraden beziehungsweise

Kollegen. Sie denken jetzt sicher, solche Verunsicherungen seien angelernt, und man könne die Leute umerziehen. Stimmt. Vom Umlernen soll im Weiteren auch noch die Rede sein. Hier geht es vorerst darum, dass sogar sachliche Texte auf geschlechtsspezifische Reaktionen stoßen. Ich will jedoch vor allem von Literatur, von Belletristik, sprechen, von Texten, die sich auf Menschliches beziehen.

Eine solche Begrenzung der Belletristik aufs Menschliche ist anfechtbar, denn es gibt hochliterarische Texte, besonders in der Lyrik, die sich so sehr der Musik nähern, dass sich in ihnen die Sprache gewissermaßen verselbstständigt und von den Realitätsbezügen entfernt, wie das ja auch in der abstrakten Malerei der Fall ist. Die Reaktion auf solche Texte ist wohl am wenigsten geschlechtsspezifisch.

Es gibt aber auch eine Literaturtheorie, der zufolge alle Literatur nur sprachbezogen ist, die einem historischen Roman, der sich müht, die Vergangenheit zu interpretieren, und einem späten Gedicht von Celan dieselbe Behandlung angedeihen lässt und uns belächelt, wenn wir uns mit Inhalten auseinandersetzen. Eine solche Literaturtheorie lehnt außerästhetische, zum Beispiel moralische, Überlegungen als nichtliterarisch und daher unzulässig ab. Besonders das Leserbedürfnis nach Identifizierung in der erzählenden Prosa steht heutzutage nicht sonderlich hoch im Kurs und wird uns als eine kindliche Vorstufe des reifen, kritischen Lesens ausgelegt. Ich möchte aber vorschlagen, dass uns gerade dieses nur scheinbar kindische Bedürfnis nie verlässt und uns auch nicht verlassen soll, obwohl es sich mit der Zeit und dem Älterwerden sicher ändert und hoffentlich komplexer und umfassender wird. Denn sogenannte rein ästhetische Kriterien können auch ein Alibi sein, das einer vorherrschenden Lebensanschauung dient, zum Beispiel der männlichen, indem sie Inhalte, unter dem Deckmantel der künstlerischen Allgemeingültigkeit, einer weiteren Debatte einfach entziehen.

Dazu ein Beispiel aus der bildenden Kunst. Fast jede große Kunstgalerie hat ein Gemälde aufzuweisen, das den *Raub der Sabinerinnen* darstellt. Und bei jeder Führung wie auch in den Katalogen heißt es, man möge die Komposition bewundern, den Farbkontrast würdigen. Nur: Wir blicken auf einen Gewaltakt, von muskulösen Männern an halbnackten Frauen verübt, unwilligen Menschen, die von Stärkeren verschleppt werden. Ich höre zu, ich schaue hin, und ich frage mich betreten: Warum sagt niemand etwas zum Inhalt? Ich weiß auch die Antwort: Weil der Raub und die Vergewaltigung zur mythisch-historischen Vorlage gehören und nur dazu da sind, damit der Maler sein Können demonstriere.

Als Frauen stehen wir vor diesem Prunk und dieser Pracht, wo unseresgleichen zu Gegenständen erniedrigt wird, und verdrängen unsere Beklemmung, um unser Kunstverständnis nicht zu kompromittieren. Manchmal sind die Opfer so gemalt, dass sie ihre Erniedrigung zu genießen scheinen, eine Übertünchung, die die Sache noch verschlimmert. Nun will ich das Gemälde beileibe nicht aus der Galerie entfernen und möchte auch weiterhin über seine technischen Vollkommenheiten belehrt werden; nur möchte ich *außerdem* die Inhaltsfrage stellen. Denn es liegt doch auf der Hand, dass Männer und Frauen ein solches Sujet unterschiedlich betrachten, und wir hegen gerechte Zweifel, wenn die Experten uns versichern, dass das Gemälde mit erotischen Machtansprüchen nur minimal zu tun habe.

Ähnlich verhält es sich mit der Darstellung von Gewaltakten und deren Rezeption in der Literatur. Der Georg-Büchner-Preisträger des Jahres 1992, George Tabori, sagte in seiner Dankrede, die schönsten Liebesgeschichten, die er kenne, seien *Othello* und *Woyzeck*.[1] Der einflussreichste deutsche Kritiker, Marcel Reich-Ranicki, hat einmal im Fernsehen seine Vorliebe für die ›Liebesgeschichte‹ *Kabale und Liebe* kundgetan. Wer will abstreiten, dass es sich bei allen dreien der genannten Dramen um Meisterwerke der Literatur handelt? Wie denn anders, wenn Shakespeare, Büchner und Schiller die Autoren sind? Aber die schönsten Liebesgeschichten? So würde eine Frau sie auf Anhieb kaum nennen. Wird doch in jeder von ihnen die Geliebte vom Geliebten umgebracht, und zwar auf recht brutale Weise, erd-

rosselt von Othello, erstochen von Woyzeck, ver-
giftet bei Schiller.

Wenn ich sagen wollte, die schönsten Liebesgeschichten, die ich kenne, seien Kleists *Penthesilea,*
wo die Titelheldin ihren geliebten Achilles zer-
fleischt, als Ersatz für den Liebesakt, und Hebbels
Judith, in der die Titelheldin dem Holofernes nach
dem Liebesakt den Kopf abschlägt: Würde ein
männlicher Leser nicht mit Recht meine Bezeichnung dieser Faszinosa als schöne Liebesgeschichten
mit Beunruhigung aufnehmen?

Was geht hier vor? Die Verherrlichung oder
Verharmlosung der Gewalt gegen Frauen in der
Literatur beginnt früh, zum Beispiel mit dem *Heideröslein.* Man sollte meinen, dass die symbolische
Darstellung einer brutalen Vergewaltigung, vertont
oder unvertont, nicht zum Schulunterricht und
schon gar nicht auf eine Stufe mit wirklichen
Liebesliedern gesetzt werden solle. Denn Goethe
hin, Schubert her, die letzte Strophe ist eine nur
leicht verbrämte Terrorszene:

Doch der wilde Knabe brach's
Röslein auf der Heiden.
Röslein wehrte sich und stach
Half ihm doch kein Weh und Ach
Musst' es eben leiden.

Die Verharmlosung entsteht dadurch, dass der Vergewaltiger, also ein ausgewachsener, zumindest geschlechtsreifer Mann, als »wilder Knabe« einher kommt, dass die Tat symbolisch an einer Blume ausgeführt wird, obwohl deutlich Kraftmeier und schwächeres Mädchen gemeint sind, und dass im hingeträllerten Refrain

> Röslein, Röslein, Röslein rot
> Röslein auf der Heiden.

der Terror verplätschert.[2] Das Lied ist verlogen, weil es ein Verbrechen als unvermeidlich und obendrein wie eine Liebesszene darstellt. Helke Sander hat in ihrem – umstrittenen – Dokumentarfilm *(Be)Freier und Befreite* einen Männerchor eingesetzt, der das *Heideröslein,* kommentarlos und unmissverständlich, im Kontext der Massenvergewaltigungen des Zweiten Weltkriegs singt. Damit ein Mädchen oder eine Frau ein solches Lied hübsch findet, muss sie mehr von ihrem menschlichen Selbstbewusstsein verdrängen, als sich lohnt, von ihren erotischen Bedürfnissen ganz zu schweigen.

Wie lernen wir lesen? Die ersten Kinderbücher sind ziemlich geschlechtsneutral und handeln von Hunden und Katzen und der Entdeckung der gegenständlichen und natürlichen Welt. Alle Kinder lieben Puh den Bären und Bambi das Reh. Je mehr sie sich der Pubertät nähern, je mehr sich also ihre

Erotik entwickelt, desto mehr scheiden sich die Geister in männlich und weiblich. Dabei drängt sich die Frage auf, was daran anerzogen und was angeboren, also biologisch bedingt ist. Beim jetzigen Stand unserer Gesellschaft, in der Mädchen und Jungen unterschiedlich, also auch mit einem anderen Erwartungshorizont, erzogen werden, können wir nichts Bestimmtes über die Unterschiede ihrer natürlichen Veranlagungen aussagen, sondern nur daran herumrätseln.

Fest steht: Es gibt eine Mädchen- und eine Jungenliteratur. Sie ist nicht streng und absolut geschieden, doch lesen Mädchen eher Jungenbücher als umgekehrt. Ein Grund dafür ist sicher die Sozialisierung. Jungen werden eher von ihren Altersgenossen verspottet, wenn sie *Pippi Langstrumpf* oder *Heidi* lesen, während Mädchen es sich erlauben können, mit einem Band Karl May in der Hand gesehen zu werden. Dazu kommen in den vergangenen zwei Jahrzehnten, in Amerika wie in Deutschland, Romane, die sich ausdrücklich mit den Problemen heranwachsender Mädchen beschäftigen, also von vornherein einen ausschließlich weiblichen Markt anvisieren, was natürlich weder für noch gegen die Qualität dieser Werke spricht.

Der zweite Grund, dem ersten verwandt, ist, dass wir Frauen früh so lesen lernen wie das andere Geschlecht, auch dann wenn die Lehrer, angefangen mit der Mutter, Lehrerinnen, also selbst Frauen sind. In der von Frauen überlieferten Literatur, den mündlich erzählten Märchen, die sich ja auch die Brüder Grimm von einer Frau, Dorothea Viemann, hersagen ließen, spielen die Mädchen eine relativ aktive Rolle. In den Schulen hat man erst in den letzten Jahren angefangen, ein wenig Rücksicht auf die Entwicklung des Selbstvertrauens der Schülerinnen zu nehmen. Im Grunde lernen sie noch immer so lesen, wie Männer lesen. Es bleibt uns ja nichts anderes übrig. Von Caesars *Gallischem Krieg* bis zu Nietzsches *Also sprach Zarathustra* und Grass' *Katz und Maus* bestimmt männliches Handeln und Denken, männliche Erotik und männlicher Ehrgeiz, was als klassisches Lesematerial, von der ersten Lateinstunde bis zum germanistischen Oberseminar, in Frage kommt. Dabei ist der hartnäckige Phallozentrismus der eben genannten Werke so augenfällig, dass man sich sofort fragen müsste, was Schülerinnen und Studentinnen damit anfangen können. Sicher weniger als die männlichen Leser. Statt dessen setzt man meist stillschweigend voraus, es sei eine Zeitverschwendung für Jungen, so zu denken, wie ein Mädchen denkt, während es als selbstverständlich gilt, dass Frauen sich anpassen. (Jetzt fragen sich sicher einige von Ihnen, was es denn zum Beispiel im Lateinischen gäbe, das man an die Stelle der martialischen Texte setzen könnte. Genau diese Reflexion ist wünschenswert. Es gibt natürlich Texte, die sogar für beide Geschlechter ansprechender sind als die erwähnten, im Lateinischen von Männern geschriebene, im Deutschen auch von Frauen geschriebene.) Die Frage, wo man das Lesematerial herbekommen soll, stellt den Kanon in Frage. Welche Schriften werden als mustergültig anerkannt und auf welcher Basis? Der »status quo« ändert sich nur langsam und verlangt von den Jungen nicht, dass sie sich der Anstrengung unterziehen, die für Mädchen eine Gegebenheit ist, nämlich den Standpunkt des anderen Geschlechts nachzuvollziehen. Was für Mädchen als Bereicherung gilt, ist für Jungen eine Zumutung und wäre doch, wenn man es nur einsehen wollte, auch für sie eine Bereicherung.

Der Mensch ist lernfähig. Wir Frauen lernen lesen, wie die Männer lesen. Es ist nicht so schwer. Die interessanten Menschen in den Büchern, die als wertvoll gelten, sind männliche Helden. Wir identifizieren uns mit ihnen und klopfen beim Lesen jede Frauengestalt auf ihr Identifikationsangebot ab, um sie meist seufzend links liegen zu lassen. Denn wer will schon ein verführtes Mädchen oder ein verführendes Machtweib oder eine selbstmörderische Ehebrecherin oder ein puppenhaftes Lustobjekt sein? Höhenflüge und Abenteuer wollen wir und widmen uns dementsprechend den Männergestalten, denen wir das allgemein Menschliche abgewinnen. Wir werden dadurch aufmerksame Leserinnen, während die meisten männlichen

Leser oft wenig anfangen können mit Büchern, die von Frauen geschrieben sind und in denen Frauen die Hauptrollen spielen.

Sie erlauben eine persönliche Anekdote. Vor zwei Jahren veröffentlichte ich eine Autobiographie, in der ich dieses Problem ansprach. Ich hielt mein Buch ganz unbefangen für ein Frauenbuch, das heißt, ich stellte in Rechnung, dass mehr Frauen als Männer es lesen würden, schon darum, weil Männer selten Bücher von und über Frauen lesen. Das Buch wurde zwar ein weitaus größerer Erfolg, als ich voraussehen konnte, doch ich hatte recht: Der Großteil meines Publikums ist weiblich.[3] Ich weiß das von Buchhändlern, Leserbriefen und Lesungen. Ich bin damit zufrieden, warum auch nicht? Nun muss man wissen: Das Buch hat einen feministischen Grundzug, und man findet darin die schwersten Vorwürfe gegen das Patriarchat. Die haben meine männlichen Leser ohne Murren geschluckt. Die Gräte, die vielen im Hals stecken blieb, ist dagegen ein Satz, in dem ich mich an Leserinnen wende – und zwar ohne das heute übliche große »I« in der Mitte des Worts –, in dem ich mich also nur an Frauen wende und dann in Klammern hinzufüge: »wer rechnet schon mit männlichen Lesern? Die lesen nur von anderen Männern Geschriebenes.«[4] Wie gesagt, steht in meinem Buch einiges, worauf ich Widerspruch erwartete. Zum Beispiel behaupte ich, dass Frauen mehr über Gut und Böse wissen als Männer, die das Gute oft trivialisieren und das Böse dämonisieren. Auf diese immerhin gewagten Scherze hat mich bis jetzt kaum jemand angesprochen. Doch fast jeder Mann, der das Buch gelesen hat, trägt sich mir als Widerlegung meiner hingeworfenen und relativ harmlosen Bemerkung über mein vermutliches Lesepublikum an, und zwar mit Vehemenz. Sie wird als beleidigend und ungerecht empfunden, weil sie davon ausgeht, dass die Auswahl der Bücher, die man liest, nicht nur mit ihrer literarischen Qualität, sondern auch mit der sozialen Einordnung der jeweiligen Autoren zu tun hat. Meine Bemerkung setzte voraus, dass Bücher von Frauen oft als trivial und unseriös abgetan werden, noch bevor man sie gelesen hat. Das Qualitätsurteil kommt erst in zweiter Linie, ist also ein Vorurteil. Ähnlich entscheidet eine männliche Zuordnung, dass Männerfreundschaften Bündnisse, Frauenfreundschaften Kaffeekränzchen sind, und beurteilt die literarischen Verwertungen solcher Beziehungen dementsprechend. Die Tatsache, dass es diese Normierung gibt, die männlich gleich menschlich setzt und Frauen nur als Mitläufer anerkennt, ist selten strittig. Doch indem ich diese Tatsache aussprach, habe ich ihre Allgemeingültigkeit verworfen und, da ich zufrieden schien mit einem vorwiegend weiblichen Publikum, hatte ich noch obendrein die Überlegenheit des männlichen Lesepublikums in Frage gestellt. Anders kann ich mir die Entrüstung, der ich begegnete, nicht erklären.

Ralph Ellison, der berühmte, jüngst verstorbene amerikanische schwarze Autor des Romans *Invisible Man* schrieb einmal, er habe als Junge Mark Twains Roman *Die Abenteuer des Huckleberry Finn* selbstverständlich vom Standpunkt des weißen Ich-Erzählers Huck und nicht etwa vom Standpunkt des entlaufenen Sklaven Nigger Jim rezipiert. Denn dieser ist eine reduzierte, etwas schlotternde Nebengestalt, von der man sich nicht inspirieren lassen kann, und jener, der Weiße, ist der Held und Abenteurer. Ähnlich interessiert sich die Leserin für Hamlets Konfrontationen mit dem Tod und den Eltern, für Fausts Zweifel und Versuchungen, aber nur mit leisem (oder auch mit tiefem) Unbehagen für Gretchens und Ophelias Hingabe, für Tod und Wahnsinn dieser beiden. Dieses Unbehagen, das Ellison vielleicht auch bei der Darstellung des Nigger Jim gespürt hat, diese Sippschaft mit den erwähnten Frauengestalten, die durch und für ihre Männer früh und grausam sterben müssen, dieses Unbehagen fehlt bei männlichen Lesern, die solche Frauengestalten eher als Selbstbestätigung hinnehmen, ihnen die Herablassung des Mitleids angedeihen lassen und sie daher gerne mögen.

Wir, die gelernt haben, wie Männer zu lesen, unterdrücken das Unbehagen, denn wir wissen nicht recht, wohin damit. Eigentlich wollen wir sagen: »Wir sind nicht so, und es geht auch anders.« In Wirklichkeit sagen wir oft: »Wir fühlen uns in die Helden ein, also sind wir wie sie« – und wissen doch, wir sind's nicht. Vor allem lernen wir, die Verachtung, mit der weibliche Gestalten in der Literatur oft gebrandmarkt sind (es fängt mit solchen Redewendungen an, wie »ein hübsches Ding«), nicht als solche zu kritisieren. Und das halte ich für einen Fehler, denn die Auseinandersetzung mit Irritationen ist heilsamer als das passive Hinnehmen.

Ja, aber, denken Sie jetzt, große Literatur handelt doch vom allgemein Menschlichen, an dem beide Geschlechter teilhaben. Und Ähnliches hätte ich doch selbst gerade im Zusammenhang mit Hamlet und Faust gesagt, bevor ich die implizite Gleichsetzung von »menschlich« mit »männlich« kritisierte. In richtigem und schönem Deutsch sind Frauen und Männer gleichermaßen Mensch, während es im Englischen wie im Französischen nur *ein* Wort für beides, Mensch und Mann, gibt. Als ich Schillers *An die Freude* als Zehnjährige las, fühlte ich mich ausgeschlossen gerade von den Versen, bei denen sich alle miteingeschlossen fühlen sollen. Da hieß es zunächst: »Alle Menschen werden Brüder.« Eigentlich, so dachte ich, sollte es »Geschwister« heißen, wenn auch Frauen gemeint sind. Doch entschuldigte ich den Dichter: Auf »Geschwister« findet sich nicht so leicht ein Reimwort, »Geschwister« ist unpoetisch, also gut, »Brüder«. Doch dann las ich:

Wem der große Wurf gelungen
Eines Freundes Freund zu sein,
Wer ein holdes Weib errungen
Mische seinen Jubel ein.

Ich dachte, zur Not könnte es mir ja in ferner Zukunft gelingen, ein holdes Weib zu werden, wiewohl mir diese Aussicht als nicht eindeutig erstrebenswert erschien. Da ich naturgemäß nie in der Lage sein würde, ein solches, nämlich ein holdes Weib, zu erringen, würde ich bestenfalls einen Mann zum Jubeln veranlassen, doch selber mitzujubeln schien mir der Dichter zu versagen, und das in seiner menschheitsumfassenden Versöhnungshymne. Ein Mensch konnte ich offensichtlich nicht sein, nur eines Menschen Weib. Später lernte ich, eine solche Reaktion auf ein großes Gedicht sei kindisch. Ich musste alt werden, um ihre spontane Richtigkeit zu erkennen.

Eine Ehrenrettung von Schiller ist hier dennoch am Platz. In meiner Zunft der Germanisten ist es ein Gemeinplatz zu behaupten, Schiller hätte nichts von Frauen verstanden. Man sagt das, als seien Frauen eine Tierart, mit der man entweder umgehen kann oder nicht, und obwohl manche Hauptgestalten von Schillers großen Dramen weibliche Helden sind. Der Widerspruch erklärt sich daher, dass Schiller seine eindrucksvollsten Frauen als Menschen darstellt, die nebenbei auch Frauen sind. Also Leute, die nicht unentwegt, sondern nur manchmal, sich aus ihren Liebesbeziehungen heraus definieren, Menschen, die auch sonst ein Verhältnis zu Gott, zu Gedanken, zu Idealen haben. (Darum sagte ich auch absichtlich »weibliche Helden« und nicht »Heldinnen«, zur Unterscheidung zwischen Frauenrollen, die von den größeren Männerrollen abhängig sind, und solchen, die ein unabhängiges Interesse vom Publikum beanspruchen.) Das ist in der deutschen Literatur so ungewöhnlich, dass man es als unweiblich empfindet. Richtig ist nur, dass Schillers Liebesszenen nicht gerade hinreißend sind, aber es geht ja um Frauen, die nur nebenbei Liebesobjekte sind oder sich solche wählen. Man macht sich auch gerne lustig über Textstellen, wo Schiller das Unabhängigkeitsbedürfnis von Frauen auf eine, scheint mir, ganz moderne Weise anspricht, zum Beispiel in dem oft und zu Unrecht verhöhnten Ende von *Wilhelm Tell*. Da wählt eine junge Adelige ohne Vermittlung von Eltern oder Vormund ihren Zukünftigen mit den Worten:

So reich' ich diesem Jüngling meine Rechte,
Die freie Schweizerin dem freien Mann.

Und er darauf:
Und frei erklär' ich alle meine Knechte.

Die »freie Schweizerin« hat es den Spöttern angetan. Doch der Sinn dieser Zusammenstellung von der aufgehobenen Leibeigenschaft und den gleichwertigen Ehepartnern ist doch wohl die Botschaft, dass die Ehe zwar eine Sklaverei für die Frau sein kann, es aber nicht sein muss. Ein moderner Ansatz von diesem intellektuellsten unserer Klassiker. Ich lese es, fühle mich dazugehörig, werde sozusagen zur Schweizerin, aus Sympathie, wie Kennedy Berliner wurde.

In der Lichtenberg-Stadt Göttingen hörte ich einmal einen vorzüglichen Vortrag über die Vernunft bei Lichtenberg und die Denkmodelle und Zweifelsangebote des großen Aphoristen. Nun kam der Vortragende an eine Stelle, wo er darlegte, dass Lichtenberg seine Köchin so ziemlich als das niedrigste Vernunftwesen in Göttingen einstufte. Der Redner spekulierte noch, ob es sich um eine ganz besonders schöne Köchin gehandelt haben könne und ging dann zu anderen Vernunftwesen über, mit denen ich, die bis dahin mit Zustimmung und Einfühlung aufmerksam zugehört hatte, mich nicht mehr ebenbürtig fühlte. Denn die Geschichte mit der Köchin war die einzige Erwähnung einer Frau in diesem Vortrag gewesen, und ich gehöre nun einmal zum Geschlechte der Köchin, die auf der untersten Stufe in der Hierarchie der Geister stand. Dass Lichtenberg das weibliche Geschlecht so unterschätzt hat, muss man hinnehmen, doch wenn man heute davon spricht, so sollte man, meine ich, Lichtenbergs Einstellung thematisieren und problematisieren.[5] Der Kollege tat das Gegenteil, durch den ablenkenden Hinweis auf ihr Aussehen. Hätte es sich um Juden, also um Lichtenbergs erwiesenen Antisemitismus, gehandelt, so hätte er feinfühliger reagiert, und ich als Jüdin hätte mich wohler gefühlt. Eine Herabsetzung als Frau trifft mich genauso wie eine Herabsetzung als Jüdin, ob sie nun auf der Straße, in der Literatur oder in der von Kollegen verfassten Sekundärliteratur stattfindet. Das um so mehr als ich im heutigen Deutschland viel eher dem einen als dem anderen ausgesetzt bin.

Spät habe ich gelernt, mir meine Betroffenheit als Frau beim Lesen und Zuhören einzugestehen. Das heißt nicht, dass ich alle Literatur, die nach Frauenfeindlichkeit schmeckt, ablehne. Das kann ich mir nicht leisten. Im Gegenteil: Meistens finde ich mich damit ab, denn, ähnlich wie beim Antisemitismus, würde ich mir zuviel entgehen lassen, wollte ich alle Werke beiseite schieben, in denen über Juden, beziehungsweise Frauen, geringschätzig geurteilt wird. Nur nehme ich nicht mehr kritiklos hin, was der Kritik bedarf.

Zwar lernen lesefreudige Frauen wie Minderheiten früh und schnell die Distanz zu überbrücken, die ihre eigene Lebenserfahrung von der des weißen, christlichen, männlichen Autors trennt; doch bleibt es immer ein Sprung, ein Energieaufwand, den Männer so nicht machen müssen.

Nur zufällig, aber dann aufatmend, kommen wir an Bücher heran, in denen Frauen, abgesehen von der Jugend- und der Trivialliteratur (die ich natürlich keineswegs gleichsetze), nicht nur die Rolle spielen, die ihnen im Leben der Männer zukommt, sondern die Rolle, die sie in ihren eigenen Leben spielen. Dann erst merken wir, wie viel leichter eine solche Lektüre ist, wie viel direkter und ursprünglicher man damit umgehen kann, wenn man diesen erwähnten Sprung der Anpassung und Einfühlung nicht nötig hat. Wo die geistige Entwicklung der studierenden Frauen nicht ergänzt wird durch Primär- und Sekundärliteratur, die dem Wesen und den eigenen Lebensumständen entspringt oder entspricht, da werden die männlichen Kommilitonen und Kollegen einen Vorsprung, nämlich den direkteren Zugang zu den Texten, haben. Und die Studentinnen laufen Gefahr, in ihrem kritischen Denken entweder zaghaft oder aber exzentrisch zu werden.

Da man die Einfühlung in den männlichen Problemkreis Leserinnen als eine Tugend anrechnet, jedoch das Umgekehrte von Lesern nur selten erwartet, der literarische Kanon aber das Werk von Männern ist, so werden selbst angesehene Schriftstellerinnen, über deren Kompetenz kein Zweifel herrscht, an Schulen und Universitäten nur beschränkt rezipiert. Der Kampf um den Kanon dauert ja nun schon einige Jahre, aber er ist noch lange nicht ausgekämpft. Sprechen Sie einmal gebildete deutsche Leser darauf an, Ihnen drei oder vier Gedichte von Droste-Hülshoff auf Anhieb zu nennen. Von Christa Wolfs *Kindheitsmuster* hat hierzulande jeder gehört, und es hat auf ein großes weibliches Lesepublikum, zu dem ich mich übrigens rechne, eine außerordentliche Tiefenwirkung gehabt. Um so mehr erstaunt es, wie wenige romanlesende Männer das Buch wirklich kennen. (Das kam übrigens ganz deutlich in der öffentlichen Debatte um Wolfs Novelle *Was bleibt* zum Ausdruck.) Das kommt zum Teil daher, dass Männer der Kindheitsvorstellung, es sei unmännlich, »Mädchenbücher« zu lesen, nicht ganz entwachsen. Die Autorität der schreibenden Frau wird angezweifelt, bewusst oder unbewusst. (Ein Autor maßt sich ja *ipso facto* seinen Lesern gegenüber Autorität an.) In Amerika wurde einmal durch ein Experiment festgestellt (was wir sowieso schon durch Lebenserfahrung wussten), dass Informationen, die von Männern ausgehen, mehr Glauben geschenkt wird als denselben Fakten, wenn Frauen sie vermitteln. Ich beobachte gern, mit was für Büchern man sich in der Öffentlichkeit sehen lässt und merke im Zug, im Flugzeug, am Strand: Frauen lesen die verschiedenste Lektüre, Bücher von Frauen oder von Männern. Männer lesen Science-Fiction oder die Memoiren von Staatsmännern.

Es bleibt die Frage, inwiefern die Unterschiede in unseren Lesegewohnheiten auf die natürlichen Unterschiede zwischen den Geschlechtern zurückzuführen, also sozusagen unüberbrückbar oder nur teils überbrückbar, sind. Weit mehr als in der hohen Literatur klaffen in der Jugend- und Unterhaltungsliteratur die Interessen von weiblich und männlich auseinander. Und zwar so sehr, dass ich vermute, selbst bei völliger Gleichstellung und Gleichberechtigung würden Frauen und Männer noch immer anders und Anderes lesen. In beiden Fällen, Trivial- wie Jugendliteratur, werden die Unterschiede vom Buchhandel, Verlagswesen und der Kritik ganz unbefangen wahrgenommen, und der Markt konzentriert sich dementsprechend. Liebesgeschichten für pubertierende Mädchen, das ist klar, weniger klar ist die Vorliebe von präpubertären Mädchen für Pferdebücher, der Nachfrage wird auf jeden Fall abgeholfen, psycho-theoretische Überlegungen sind unnötig, der Markt ist pragmatisch. Bei der Trivialliteratur von Erwachsenen liegen die Marktverhältnisse ebenfalls deutlich zutage und sind ebenfalls, wie bei der rätselhaften Pferdelektüre der 12-Jährigen, in ihren Motiven nicht immer durchschaubar. Bücher über Krieg und Kontaktsport werden hauptsächlich für Männer geschrieben. Klar. Interessanter ist der Fall von Science-Fiction, eine literarische Gattung, die nicht unbedingt trivial sein muss und die auch Frauen lesen und schreiben, aber dann meist als Utopien und Dystopien, also Bücher, die von gelungenem oder misslichem menschlichem Zusammenleben handeln. In der von Männern bevorzugten Variante dieses Genres spielen Maschinen und Erfindungen eine Hauptrolle, und die meisten Leserinnen finden solche Bücher zum Weinen langweilig. Ob diese Vorliebe nur anerzogen ist? Oder stoßen wir hier auf einen echten Unterschied? Jedenfalls weiß der Buchhandel genau Bescheid, wie aus den Werbetaktiken hervorgeht, auch wenn die Ursachen im Dunkel bleiben.[6] Doch die Kritik der höheren Literatur und die traditionelle Literaturwissenschaft schließen die Augen vor den Einsichten des Buchmarktes und setzen einen geschlechtslosen idealen Leser voraus, der sich bei näherem Hinsehen immer als Mann entpuppt. Wie ich zu Anfang erwähnte, hat zwar die Rezeptionstheorie mit solchen Vorstellungen der Unvoreingenommenheit weitgehend aufgeräumt. Doch bleibt die weibliche Sicht klassischer Literaturwerke, soweit Leserinnen sich überhaupt genügend emanzipiert haben, um eine solche Sicht zu entwickeln, noch immer untergeordnet und wird von der etablierten, das heißt also männlichen Kritik, kaum wahrgenommen. Anders gesagt, feministische Theorie und Kritik ist bis jetzt kein Pflichtfach geworden, auch in Amerika nicht.

Die Inhaltsfrage, die uns bislang vor allem beschäftigt hat, bekommt starken Gegenwind, der ausgerechnet von der Diskussion, die sich um Pornographie entsponnen hat, herüberweht. Pornographie ist die literarische Form, wo die biologische Verschiedenheit der Geschlechter am ehesten zur Geltung kommen müsste, da sie ja diejenige Literatur ist, die Körperlichkeit am stärksten betont. Pornographie wird daher unter allen Umständen von Männern und Frauen immer anders gelesen werden. Sie ist der Extremfall. In den Reaktionen auf die drastischen erotischen Phantasien, die diese Gattung ausmachen, sollten am deutlichsten unterschiedliche Leseweisen erkennbar werden. Doch sind die Reaktionen nirgends so verworren wie gerade hier.

Diese ebenso verpönte, manchmal verbotene wie weitverbreitete und gern gelesene Lektüre entfacht heute die heftigsten Streitgespräche. Gerade hier, wo das Lesevergnügen auf die Befriedigung persönlichster Wünsche beschränkt sein soll, schlägt das Interesse um, und die Debatte um diese Privatissima wird hoch politisch.

Der Diskurs der Postmoderne betont gern den emanzipatorischen Aspekt der Pornographie. Es heißt dann, es handele sich um eine Erzählkunst, die sich nicht nur über moralisch-bürgerliche

Sittsamkeiten hinwegsetzt, sondern auch weitgehend die überlieferten Erzählstrukturen überschreitet und somit den dekonstruktivistischen Anliegen der sprachlichen Neuerer in der Literatur gute Dienste leistet. Das Schlüsselwort in dieser Debatte ist »Transgression« – Verstoß, Überschreitung – zusammen mit der Auflösung des Einzelmenschen in seine, meist körperlichen, Funktionen.[7] Aus solcher Sicht schiebt man die wirklichkeitsbezogenen Aspekte der Pornographie beiseite und behandelt die im konventionellen Sinne anstößigen Szenen als Metaphern für eine abstraktere, vor allem sprachliche, Befreiung. (Also Sex als Metapher für Sprache, nicht umgekehrt.) Das funktioniert besser in Literaturen, die eine ausgebildete literarische Tradition von sogenannten Erotika haben, wie die französische, vom Marquis de Sade bis zu Georges Bataille, der heute viel von sich reden macht. Im Deutschen gibt es diese Tradition nicht oder kaum (eine Ausnahme wäre etwa Friedrich Schlegels *Lucinde*) oder eben nur auf der trivialsten Ebene, als Schund. Der Marquis de Sade erscheint aber auch in einem deutschen Stück, nämlich in Peter Weiss' berühmtem Drama, das seinen Namen zusammen mit dem des Revolutionärs Marat trägt, als der Inbegriff einer bestimmten Art von ernstzunehmendem Radikalismus. Das ist nicht schwer einzusehen, wenn wir einen Roman von Sade als sprachliche Äußerung mit dem schon erwähnten

Heideröslein vergleichen, wobei Goethe/Schubert in einer prononziert traditionellen Form die Gewalttätigkeit des Inhalts bis zur Salonfähigkeit kaschieren. Sade hingegen, oder auch Henry Miller, versetzen uns einen Schock nach dem anderen, und wir müssen sehen, wie wir damit fertig werden. Wir werden damit fertig, wenn wir die Grenze zwischen Phantasie und Wirklichkeit, zwischen Identifikation und der durch die Kunst (oder zumindest Künstlichkeit) des Werks vermittelten Distanz einhalten können. Wie wir sie übrigens bei jedem Theaterbesuch einhalten. Der gespielte Tod rührt uns, der wirkliche Tod eines Schauspielers auf der Bühne würde uns entsetzen. Ich meine aber, die Grenze ist fließend, und diejenigen, die vor den möglichen Schäden einer allzu intensiven Darstellung von Gewalttätigkeiten warnen, haben so unrecht nicht. Es bleibt ein Problem, das sich nicht übers Knie brechen lässt und sowohl ästhetische wie moralische Aspekte aufweist.

Wir sind auf Umwegen zu dem Museumsführer des Anfangs zurückgekehrt, der uns ein Gemälde, den *Raub der Sabinerinnen* darstellend, mit technischen Termini der Malkunst erklärt. Diejenigen Kritiker, die das radikale und daher avantgardistische Moment der Pornographie betonen, übersehen oder ignorieren das Gefühl von Gefährdung, das Leserinnen bei Texten und Bildern überfällt, die – fast immer

– die Verdinglichung, wenn nicht die Verletzung, des weiblichen Körpers zum Thema haben. Nun kann allerdings einem solchen Unbehagen ein erotischer Reiz innewohnen, der auch Frauen gefällt. *Der Raub der Sabinerinnen* kann masochistische ebenso wie sadistische Phantasien, und alles, was dazwischenliegen mag, befriedigen. Der mythologische Rahmen ermöglicht dann das lustvolle Schauen, das dem Entsetzen Platz machen müsste, wäre die Szene unserer Gegenwart entnommen, etwa eine Illustration der Tagesnachrichten.

Damit sind wir bei der umstrittenen Frage, ob es überhaupt eine weibliche Pornographie geben kann. In der Frauenbewegung gibt es Stimmen, die diese Möglichkeit einfach verneinen; und es gibt andere, die Erotika für Frauen generell befürworten und sie auch schreiben wollen. In beiden Fällen ist das Interesse politisch, im Sinne von frauenemanzipatorisch. Pornographie wird heute von konservativer wie von progressiver Seite sowohl angegriffen wie verteidigt: als unsittlich verurteilt wie schon immer, aber heute auch als Anreiz zur Gewalt gegen Frauen verworfen; als Befreiung durch Phantasie bestätigt und gegen eventuelle Einschränkungen der Pressefreiheit in Schutz genommen.

Das Paradoxe an dieser Politisierung der Porno-Debatte ist, dass Verallgemeinerungen über die Wirkung dieser Schriften (oder meinetwegen auch Filme) so schwer sind. Pornolesen ist das subjektivste, privateste aller ästhetischen Vergnügen. Wenn jemand sagt, ein gewisses Pornobuch langweile ihn oder sämtliche Pornofilme langweilen sie, so meint er/sie etwas anderes als die Aussage, Stifters *Nachsommer* sei streckenweise langweilig. Im letzteren Fall darf man annehmen, dass die ausführliche Beschreibung einer idyllischen Berg- oder Gartenlandschaft mehr Handlungsdynamik wünschenswert macht; im ersteren Falle meint der Leser schlicht, dass die beschriebene Szene ihn oder sie persönlich nicht erregt. Dem gelangweilten Stifterleser kann ich die Schönheiten des Buchs näher bringen, indem ich auf sie hinweise. Jemandem, der mir ein Pornobuch, das auf mich keinen Eindruck macht, näher bringen will, kann ich nur sagen: Das funktioniert für dich und nicht für mich.

Die heutige Pornographiedebatte schleppt den ganzen Ballast des sozialen Missverhältnisses zwischen Frauen und Männern mit sich herum, ganz zu schweigen von einem Kulturpessimismus, der darin nur Zeichen von Dekadenz und Verderbtheit wahrnimmt. Daher erlaubt sie auch keine Schlüsse, die zu unserem Thema mehr beitragen als ein weiteres, entschiedenes Ja, Frauen lesen anders. Doch meine ich, dass sich gerade in der geschlechtsspezifischen Beschränktheit dieser Texte und der Debatten, die sie entzünden, die Konturen erotischen Lesens abzeichnen, die auch in unserem Umgang mit der höheren Literatur eine nicht geringe Rolle spielen. Wir wissen spätestens seit Sigmund Freud, dass Kreativität einer sublimierten Erotik entspringt. Und wir wissen von der modernen Literaturtheorie, dass Lesen nicht nur Nachvollzug, sondern kreativ ist. Wenn es stimmt, dass wir auch als erwachsene und erfahrene Leser und Leserinnen dem Identifikationsprinzip nie entgehen, so ist der Kern oder auch der Gott eines solchen engagierten Lesens der Eros. Da überschneidet und scheidet sich männlich und weiblich und wird es, so meine ich, auch bei fortschreitender Gleichheit der sozialen Rollen tun. Da liegen die Unterschiede, die bleiben, wenn wir die unnötigen Unterschiede in der Erziehung der Geschlechter überwunden haben, was indessen noch lange dauern wird. Und inzwischen müssen wir diese Unterschiede besser kennen lernen, um ihnen in unserer Ästhetik gerecht zu werden.

Und so ist vielleicht auch der Titel dieses Aufsatzes falsch, denn er unterstellt ja die Richtigkeit männlicher Normierung; er unterstellt, dass noch immer das Heiligtum der Freude, das bei Schiller alle Menschen umfasste, doch ein Rotarierklub von »Brüdern« ist, in dem Frauen nur als von Männern errungene »holde Weiber« etwas zu suchen haben. »Männer lesen anders« wäre ein alternativer Titelvorschlag. Dieselbe These im Gewande der Antithese. Die Synthese lässt einstweilen warten.

Anmerkungen

Essay aus dem gleichnamigen Buch: Ruth Klüger, Frauen lesen anders, München 1996 (dtv).

1   George Tabori, »Liebeserklärung. Dankrede«, in: Deutsche Akademie für Sprache und Dichtung, Jahrbuch 1992, S. 134.

2   Zu einem ähnlichen Schluss kommt Peter von Matt. Vgl. Frankfurter Anthologie, Band 10, Frankfurt 1986, S. 104 f.

3   Allerdings lesen Frauen überhaupt mehr Bücher als Männer, besonders im belletristischen Bereich. Vgl. Christine Garbe, »Frauen – das lesende Geschlecht?« in: Frauen lesen. Literatur und Erfahrung, 26/27, September 1993, S. 7-34.

4   Ruth Klüger, weiter leben. Eine Jugend, München (dtv 11950) S. 82.

5   Von diesem Standpunkt wäre eventuell auch Gert Hofmanns Lichtenberg-Roman *Die kleine Stechardin,* München 1994 zu untersuchen, der Lichtenbergs Beziehung zu einem minderjährigen Mädchen verarbeitet.

6   Vgl. Martina Gilges, Lesewelten. Geschlechtsspezifische Nutzung von Büchern bei Kindern und Erwachsenen, Bochum 1992.

7   Vgl. Susan Rubin Suleiman, »Pornography, Transgression and the Avant-Garde: Bataille's Story of the Eye«, in: The Poetics of Gender, hrsg. Nancy K. Miller, New York 1986, S. 117-135, bes. S. 122-129.

Die Freundinnen der Bücher

Liebe Hörerinnen und Hörer,

befänden wir uns nicht im Jahre 1938, sondern hundert oder auch nur fünfzig Jahre zurück, würde allein schon der Titel meines Vortrags Widerspruch hervorrufen: die Freundinnen der Bücher, so würde eine große Zahl von Herren argumentieren – all jene, die den Anspruch erheben, die Bücher zu lieben –, die gibt es nicht. Die Frauen sind nicht fähig, Bücher zu lieben; weit davon entfernt, ihre Freundinnen zu sein, sind sie vielmehr ihre natürlichen Feindinnen. Und viele befugte Stimmen würden sich erheben, um diese Behauptung zu untermauern.

Ernest Quentin-Beauchart, Autor eines Werkes über *Die bibliophilen Frauen Frankreichs* im 16., 17. und 18. Jahrhundert, würde uns unweigerlich folgenden Hinweis geben (den er auch seinem Buch vorangestellt hat): »Viele hervorragende Damen waren in den vergangenen Jahrhunderten im Besitz von Büchern, aber fast allen war der Inhalt dieser Bücher unbekannt, die Bezeichnung ›bibliophil‹ ist auf sie nicht anwendbar. War das Buch einmal erworben, eingebunden und mehr oder minder methodisch in einen luxuriösen Schrank eingeräumt, war die gewünschte Wirkung erreicht, und dabei beließen sie es.«

Den Gnadenstoß würde einer meiner Kollegen geben, der Buchhändler Floury, der im Jahr 1908 in einem im Cercle de la Librairie gehaltenen Vortrag sagte: »Für viele Frauen ist der Buchhändler eine Art Feind … Wir haben alle in kleinerem oder größerem Maße Klienten, die, nachdem sie ihre Bücher gekauft und bezahlt haben, sie bei uns in Aufbewahrung geben, in Erwartung einer günstigen Gelegenheit – Ferien, Zeremonien etc. –, die es ihnen ermöglicht, sie mit ins Haus zubringen. Manchmal dauert es Monate, bis eine solche Gelegenheit sich einstellt.«

Gibt es irgendwelche Frauenstimmen, die sich gegen diese Art von Feststellungen erhoben hätten? Leider Gottes nein. George Sand kokettierte damit, als »bibliophob« zu gelten; Mme Emile de Girardin bemerkte, dass ihre Zeitgenossinnen keine Bücher besaßen: »Was wollen Sie machen«, sagte sie, »die jungen Frauen lesen nicht mehr, und – schlimmer noch! – diejenigen, die ausnahmsweise noch ein wenig lesen … schreiben!«

Albert Cim, dem ich diese kleine historische Betrachtung entlehne, versichert in seinem ausgezeichneten Werk *Les Femmes et les Livres,* dass es jedoch Ausnahmen gab und gibt; diese Ausnahmen gehen entweder sehr weit zurück in der Zeit, oder sie gelten heutzutage. Es gab, so fährt er fort, in den ersten Jahrhunderten des Mittelalters mehrere Ordensschwestern, »die verdienen, zu den Freundinnen der Bücher gezählt zu werden«. Hierher gehören die Namen der Hl. Radegonde, Gertrud, Odile, Wiborade. Für die Hl. Wiborade, Jungfrau und Märtyrerin, hat der Baron Ernouf die Bezeichnung »Schutzgöttin der Bibliophilen« gefordert. Diese Heilige fügte dem Verdienst, die Bücher zu lieben, noch jenen anderen hinzu, eine gute Stickerin zu sein; nichts gefiel ihr so sehr wie das Besticken der Stoffe, die die Manuskripte des Klosters zieren sollten. Als eine Horde ungarischer Barbaren ins Land einfiel und drohte, das Kloster zu plündern, eilte sie zu den Mönchen mit dem Ausruf: »Rettet zuerst die Bücher! Versteckt sie! Anschließend kümmert ihr euch um die heiligen Vasen!«

(Sie können sich denken, liebe Hörerinnen und Hörer, welches Vergnügen es mir bereitet, Ihnen diese Einzelheit mitzuteilen, habe ich doch das Glück, die Stickerin Marie Monnier zur Schwester zu haben, deren Kunst das Lob Paul Valérys und Léon-Paul Fargues gewann.)

In unserer Zeit sind die Freundinnen der Bücher zahlreich. Mir scheint, die Frau ist in der Lage, das Buch im selben Maße zu schätzen wie der Mann. Es ist einfach eine Frage der Erziehung. Wenn so viele Frauen Bücher nicht beachten oder gering schätzen, dann auch deshalb, weil man sich alle Mühe gegeben hat, sie davon abzubringen. Wer steckte im 17. Jahrhundert seinen Umlegkragen in einen dicken Band Plutarch und verspottete zugleich die gelehrten Frauen seiner Umgebung: das war der *bonhomme* Chrysale, d. h. der Bourgeois von damals, vielleicht der ewige Bourgeois.

Man verlangt von den Frauen vor allem, sich und ihr Haus zu pflegen; man lobt sie, wenn sie sich den Hausarbeiten widmen und mag es gar nicht, wenn sie sich in Bücher versenken, handle es sich nun um frivole oder ernsthafte Lektüre.

Sainte-Beuve merkte an, dass in der Antike einzig die Kurtisanen belesen waren, d. h. freie Frauen, ledig der Sorgen, die auf Ehefrauen und Müttern lasteten. Doch weise ich den Gedanken weit von mir, die gelehrte Frau, ob Kurtisane oder Nonne, der ehrbaren Familienmutter vorzuziehen, die aus ihren häuslichen Geschichten nicht herauskommt; aber Sie werden sicherlich mit mir darin übereinstimmen, dass jene Männer, die den Frauen vorwerfen, Bücher nicht zu lieben, unbegründete Kritik üben, sind sie es doch selbst, die die Frauen auf diese Geistesverfassung festlegen.

Das erste Drittel dieses Jahrhunderts hat, was das Verhältnis der Frauen zu Büchern und zur Kultur im allgemeinen betrifft, große Veränderungen mit sich gebracht. Die Schulpflicht hat unzweifelhaft eine große Rolle bei dieser Entwicklung gespielt.

Heutzutage weiß die Frau im gleichen Maße wie der Mann Freundschaft zu schließen mit dem Buch. Sie bringt natürlich in diesen Umgang einige Besonderheiten ein, die freizulegen ich mich bemühen werde. Zuerst einmal gilt es anzuerkennen, dass sie, es sei denn, sie habe eine eigene Schulung erhalten, weniger empfänglich ist für die *Form* als der Mann; sie genießt vor allem die *Lektüre* als solche, wie auch immer sie geartet sein mag. Bedeutet die Form ihr auch wenig, so ist sie sicherlich aufgeschlossen für den Geist eines Buches; weiß dieser Geist sie zu rühren, vermag sie ihn leidenschaftlich zu lieben. Im Gegensatz zum männlichen Leser empfindet sie nicht das Bedürfnis, ihren Lieblingsautor in stattlicher und dauerhafter Ausgabe zu besitzen – im Grunde stimmt es schon, dass sie nicht bibliophil im herkömmlichen Sinne ist. Sie zieht es vor, die gewöhnliche Ausgabe, jene ihrer ersten Lektüre, zu behalten und sie mit freundlicher Aufmerksamkeit zu umgeben: sie wird sie in hübsch gemustertes Papier schlagen, auf der Frontseite das aus einer Zeitschrift ausgeschnittene Bild des Autors anbringen oder eine Blume zwischen die Seiten schieben. Gefällt ihr das Buch ungemein, wird sie Passagen daraus abschreiben. Die üble Angewohnheit, den Rand zu beschreiben, ist ihr, von Schulbüchern einmal abgesehen, fremd. Im übrigen ist es eine typisch männliche Angewohnheit, den Rand zu beschreiben. Ja, es ist schon seltsam, oft verbessert der Mann, und gerade der junge Mann, den Autor, er unterstreicht, verneint, setzt die eigene Ansicht dagegen; *er fügt sich selbst hinzu.* Wenn die Frau dagegen nicht liebt, bleibt sie stumm, und wenn sie verabscheut, *streicht* sie aus. Ich kenne Frauen, die beileibe nicht dumm sind, die aber nicht umhin können, bestimmte missliebige Passagen eines Buches zu streichen oder zu verdecken; sie tun dies insbesondere zu Gunsten, oder Ungunsten, eines Werkes, das sie schätzen, das sie aber stellenweise kränkt, so wie sie versuchen würden, die schlechten Charakterzüge eines geliebten Mannes zu unterdrücken. Einige Menschen würden diese Praxis als widerwärtig bezeichnen; ich persönlich finde nichts daran auszusetzen, vorausgesetzt natürlich, dass von dem so behandelten Buch noch eine große Zahl weiterer Exemplare existiert und dass es persönliches Eigentum besagter Dame ist. Ein Buch ist nicht an sich schon sakrosankt, erst unser Empfinden macht es dazu.

Es ist wichtiger, mit den Dingen in guter Freundschaft zu leben, als sie zu verehren.

Anmerkung

Deutsche Erstveröffentlichung in: Adrienne Monnier, Aufzeichnungen aus der Rue de l'Odéon, Frankfurt a.M. 1995.

Virginia Woolf
25.1.1882 London – 28.3.1941 Lewes

Virginia Woolf gehörte zusammen mit ihrer Schwester, der Malerin Vanessa Bell, zum Bloomsbury-Kreis, wo sie Leonard Woolf kennen lernte und 1912 heiratete. Mit ihm gründete sie 1917 den Hogarth Verlag, in dem sowohl modernistische Literatur als auch so umstrittene Werke wie die Schriften Sigmund Freuds in englischer Sprache erschienen.

In ihrem Werk beschäftigt sie sich mit den Widersprüchen des modernen Lebens, mit der Stellung der Frau in Literatur und Gesellschaft und mit literarischen Darstellungsformen.

Woolf war der Ansicht, dass Weiblichkeit und Männlichkeit ein Ergebnis kultureller Zusammenhänge also auch wandelbar seien, und forderte immer wieder zur Erinnerung an die vergessene Geschichte der Frauen auf. Sie wollte Frauen ermutigen, die eigene Kreativität zu entdecken und umzusetzen und wies dazu auf die Notwendigkeit neuer Erzähltechniken und Schreibweisen hin, da Sprache im derzeitigen Zustand von Männern gemacht und geprägt sei.

Virginia Woolf gilt als eine der bedeutendsten Schriftstellerinnen des 20. Jh.s und als kritische Kommentatorin ihrer persönlichen künstlerischen, intellektuellen und politischen Zeitumstände. Zu ihren wichtigsten Werken gehören *Orlando, Mrs. Dalloway* und *Die Fahrt zum Leuchtturm.*

George Eliot (Mary Ann oder Marian Evans)
22.11.1819 Warwickshire – 22.9.1880 London

George Eliot wuchs als Tochter eines Verwalters im ländlichen Mittelengland auf und zog später nach Coventry, wo sie sich in intellektuellen und freidenkerischen Kreisen aufhielt. Schließlich ging sie nach London, wo sie die *Westminster Review* herausgab, in der sie lange Zeit auch eigene Aufsätze und Rezensionen veröffentlichte.

Sie traf sich mit den Intellektuellen ihrer Zeit und lernte so den verheirateten Journalisten, Schriftsteller und Kritiker H.G. Lewes kennen, mit dem sie bis zu seinem Tod ohne Trauschein zusammenlebte. Lewes ermutigte sie dazu, sich der künstlerischen Prosa zuzuwenden. Alle ihre Romane veröffentlichte sie unter dem männlichen Pseudonym George Eliot, um ihre Texte vor der Voreingenommenheit zu bewahren, die man den Werken weiblicher Autoren damals entgegen brachte.

Eliot ist eine der bedeutendsten englischsprachigen Autorinnen, deren Romane immer das Innere des Menschen, seine Probleme und Krisen zum Thema haben. Ihr literarisches Anliegen war es, ihre Leser durch Verständnis und Mitgefühl zu moralisch gutem Verhalten zu erziehen. Zu ihren wichtigsten Werken zählen *Middlemarch, Adame Bede* und *Die Mühle am Floß.*

Ruth Klüger
30.10.1931 Wien

Ruth Klüger wurde als Jüdin zusammen mit ihrer Mutter in die Konzentrationslager Theresienstadt, Auschwitz-Birkenau und Christianstadt verschleppt. Mit dreizehn Jahren entkam sie in Auschwitz nur knapp der Ermordung in den Gaskammern. 1945, gegen Kriegsende, gelang ihr und ihrer Mutter die Flucht.

1947 wanderte sie in die USA aus und studierte Bibliothekswissenschaften in New York, Anglistik und Germanistik an der University of California in Berkeley. Ihre Entscheidung, Germanistik zu studieren, nachdem sie zuvor versucht hatte, sämtliche Erinnerungen an Deutschland, die deutsche Sprache und die deutsche Identität abzuschütteln, deutet sie für sich als Wende, in deren Zuge sie sich dem erlebten Grauen der Vergangenheit stellen konnte und Möglichkeiten fand, dieses zu artikulieren und sich damit auseinander zu setzen.

Heute ist sie Professorin für Germanistik. Sie lebt in Irvine/Kalifornien und hat einen zweiten Wohnsitz in Göttingen.

Mit ihrer ersten literarischen Veröffentlichung, der Autobiographie *weiter leben. Eine Jugend,* fand Ruth Klüger ein überwältigendes Echo bei Kritikern und Publikum, und sie wurde mit zahlreichen Preisen ausgezeichnet. Es folgten der Essayband *Katastrophen. Über deutsche Literatur* und *Von hoher und niedriger Literatur.*

Adrienne Monnier
26.4.1892 Paris – 19.6.1955 Paris

Mit einem Startkapital, das ihre Eltern ihr zur Verfügung gestellt hatten, eröffnete Adrienne Monnier am 15. November 1915 ihren Buchladen *La Maison des Amis des Livres* in der Rue de l'Odéon. Diese Buchhandlung war außerdem noch Leihbücherei, Ort für literarische Veranstaltungen und bis 1951 Treffpunkt der literarischen Avantgarde. Adrienne Monnier wollte die Lesegewohnheiten der Menschen, insbesondere der Frauen, sowie ihre Beziehung zu Büchern verändern. Es war ihr ein Anliegen, ihre eigene Liebe zu Büchern weiterzugeben und ihren Kunden zu vermitteln.

Adrienne Monnier war nicht nur Buchhändlerin, Literaturkennerin und Förderin junger, vielversprechender Schriftsteller und Schriftstellerinnen, sondern sie verfasste auch selbst Essays und schrieb Gedichte.

Im Jahre 1917 lernte sie Sylvia Beach kennen, eine junge Amerikanerin, die in derselben Straße den Buchladen *Shakespeare and Company* eröffnete, und mit der sie eine lebenslange und innige Freundschaft verband.

Unheilbar erkrankt, setzte sie ihrem Leben am 19. Juni 1955 ein Ende.

Inga Westerteicher
Das Paris der Simone de Beauvoir

128 Seiten, *,blue notes'*, Halbleinen
viele Abbildungen
ISBN 3-931782-60-3

Dieses Buch schenkt dem persönlichen Paris der Simone de Beauvoir besondere Aufmerksamkeit, den Orten, die ihr viel bedeuteten: weil sie sich dort oft aufhielt, weil sie sich dort mit Freunden traf oder weil diese für sie auf ihren Weg zur Schriftstellerin, Feministin und politische Aktivistin wichtig waren. Ein Spaziergang durch Beauvoirs Paris mit Auszügen aus ihren Werken, Briefen und Tagebuchnotizen, erstmalig auch aus ihren bisher unbekannten Jugendtagebüchern (1926-1930) – und natürlich mit vielen Fotos. Eine Paris-Karte sowie ein Register der Örtlichkeiten erleichtern dem weiblichen wie männlichen Flaneur auf Beauvoirs Spuren die Orientierung.

»Wer Paris nicht schon vorher geliebt hat, wird es spätestens nach diesem Buch tun« *Weiberdiwan*

»Informativ und unterhaltsam führt Inga Westerteicher durch die Stadt an der Seine.« *Neues Deutschland*

»Simone de Beauvoir hat ihre Heimatstadt geliebt. Und durch dieses Buch versteht man auch, warum.« *Allegra*

»Das Buch lädt ein zu zweierlei: sich auf die Reise in die Vergangenheit einzulassen – und eine ins gegenwärtige Paris folgen zu lassen.« *Deutsches Allgemeines Sonntagsblatt*

edition
ebersbach

Bornstraße 68 · 44145 Dortmund · www.edition-ebersbach.de
info@edition-ebersbach.de

Elfi Hartenstein
Jüdische Frauen im New Yorker Exil
12 Begegnungen

144 Seiten, ‚*blue notes*', Halbleinen,
mit Fotos von Thomas K. Müller
ISBN 3-931782-55-7

Als der Nationalsozialismus mit der systematischen Ausrottung der kulturellen Elite begann, war für viele jüdische Frauen die Flucht über den Atlantik die einzige Möglichkeit, ihr Leben zu retten: Akademikerinnen, Wissenschaftlerinnen, Künstlerinnen, Schriftstellerinnen – kurz: Frauen, die längst dem entwachsen waren, was das nationalsozialistische Frauenbild als rückwärtsgewandtes Ideal propagierte, sie sich durchbissen, wieder neu anfingen und wieder reüssierten. Elfi Hartenstein hat diese Frauen – alle Anfang dieses Jahrhunderts geboren – aus der Masse der anonym gebliebenen Auswanderer in New York aus- und aufgesucht.

Ihre authentischen Porträts ergeben ein Buch, das spannender ist als mancher Thriller. Mit den Gesprächen und der Schilderung von Begegnungen füllt sie damit eine Lücke, die von anderen aus nebelhaften Gründen übersehen wurde.

»Die Episoden in Elfi Hartensteins bemerkenswertem Buch werden, ohne kommentarhaft aufgezogen zu sein, ein Kommentar zu einer unglückseligen Epoche.«
New Yorker Staats-Zeitung und Herold

»Kleine Preziosen weiblicher (Literatur)-Geschichte.«
Stadtblatt

edition
ebersbach

Bornstraße 68 · 44145 Dortmund · www.edition-ebersbach.de
info@edition-ebersbach.de

Die Deutsche Bibliothek - CIP-Einheitsaufnahme

Das Literaturquartett : hrsg. und mit einem Vorw.
von Brigitte Ebersbach. - 1. Aufl. - Dortmund :
Ed. Ebersbach, 2000
    (Blue notes ; 8)
    ISBN 3-934703-00-3

1. Auflage 2000
© edition ebersbach
    Bornstr. 68, 44145 Dortmund
    www.edition-ebersbach.de

Umschlaggestaltung von: Antje und Sybille Hassinger,
Dortmund
Satz: Verlag Die Werkstatt, Göttingen
Druck und Bindung: Westermann Druck, Zwickau
Alle Rechte vorbehalten